古代生活

王渝生　主编

中国大百科全书出版社

图书在版编目（CIP）数据

古代生活 / 王渝生主编 . -- 北京 : 中国大百科全书出版社, 2025. 1. -- ISBN 978-7-5202-1753-8

Ⅰ . D691.93-49

中国国家版本馆 CIP 数据核字第 20254GC194 号

出 版 人：刘祚臣
责任编辑：张恒丽
责任校对：程忆涵
责任印制：李宝丰
出版发行：中国大百科全书出版社
地　　址：北京市西城区阜成门北大街 17 号
网　　址：http://www.ecph.com.cn
电　　话：010-88390718
印　　制：唐山富达印务有限公司
字　　数：100 千字
印　　张：8
开　　本：710 毫米 ×1000 毫米　1/16
版　　次：2025 年 1 月第 1 版
印　　次：2025 年 1 月第 1 次印刷
书　　号：978-7-5202-1753-8
定　　价：48.00 元

编 委 会

主　编：王渝生

编　委：（按姓氏音序排列）

程忆涵　杜晓冉　胡春玲　黄佳辉

刘敬微　王　宇　余　会　张恒丽

目录

穿越到宋代如何旅游

旅游活动自古有之，周穆王西游、秦始皇东巡等游胜之事一直延传至今。事实上，古人对于“旅游”二字是分开叙述的。唐代学者孔颖达在《周易正义》中对“旅”字解释为：“旅者，客寄之名，羁旅之称。失其本居而寄他方谓之为旅。”而对于“游”字的解释，《礼记·学记》认为“闲暇无事谓之游”，可以说“游”字与现代所说的“旅游”概念更为接近。迨至宋代，社会经济文化高度繁荣发达。这一时期，已突破了严格的坊市制度，市民生活日趋丰富。宋人格外注重商业氛围的营造，以期烘托节日喜庆、欢乐祥和的气氛，譬如在汴京开凿金明池、开放琼林苑、举办元宵灯市等活动。与此同时，日臻兴盛的海外贸易，也促进了旅游事业的发展。

人人爱旅游

论及宋代，出门旅游的民众较前代更为普遍。以年龄论，上至耄耋之年，下至豆蔻少年，男女老少皆乐在其中。南宋孝宗淳熙十五年（1188），50岁的理学大师陆九渊就带着自己的儿子、侄子及乡邻等78人，组成了一个大型“旅游团”以遍览名山胜迹，其中既不乏“苍颜皓髯，语高领深”的老者，也有“整襟肃容，视微听冲，莫不各适其适”的少年。值得一提的是，尽管宋代理学思想昌明，但社会思潮和开放程度却十分高，众多女性也参与到旅游活动之中。南宋周密在《武林旧事》一书中就记载：“六月六日，都人士女骈集炷香。登舟泛湖，做避暑之游。”

除了年龄和性别因素外，宋代参与旅游的阶层也颇为广泛，上至皇族贵戚，下至士农工商，都热衷于旅游活动。南宋孝宗赵昚退位后，喜

平湖秋月

欢嬉戏游玩。周密在《武林旧事》中就记载:“淳熙间,寿皇以天下养,每奉德寿三殿游幸湖山,御大龙舟,宰执从官以至大珰、应奉诸司,及京府弹压等各乘大舫,无虑数百。”官僚贵戚的游览生活颇有逸趣:“绍兴乙卯,张安国为右史,明清与仲信兄在左,多馆于安国家,春日诸友同游西湖、普安寺等景点。”很多皇亲贵戚还在西湖边举办宴饮活动,南宋名臣韩侂胄就喜欢春天在西湖边举办宴会,并提前制作小礼物分发众人。

宋代商人阶层地位较高,他们除在外营生外,还经常举行旅游活动。据《夷坚三志辛·卷二·宜城客》记载,京西南路襄阳府宜城县(今湖北省襄阳市宜城县)人刘三客远赴四川经商,所得财货数千缗,“抵关下五里间,喜其山林秀粹,疑为神仙洞府,虽身作贾客,而好尚清虚之意甚切,欲深入游眺,置橐装于外,挟五仆皆往”。除了商人之外,乡野村民也会举行旅游活动。洪迈在《夷坚乙志·卷十四·笋毒》中记载:“乡人聂邦用,尝游荐福寺,就竹林烧笋两根食之。”范成大在《四时田园杂兴六十首》中描述了苏州农村老百姓在寒食节举行旅游活动的情况:“寒食花枝插满头,蒨裙青袂几扁舟。一年一度游山寺,不上灵岩即虎丘。”

宋代是一个秉持高度开放和融合的时代,大批周边邻邦及外国使团纷纷来宋从商学习,并借此游览名山大川,了解宋人的风土人情,成为名副其实的“入境外国游客”。北宋真宗景德四年(1007),大食国和占城国遣使来贡,宋真宗下诏“并优加馆饩之礼,许遍至苑囿、寺观游览”,以营造万邦来朝的盛况。

名人游记哪家强

从流传于宋人的游记作品中可以看出,宋人所游项目主要分为两类,一类是山水自然景观,一类是寺观园林、亭台楼阁的人文景观。在描写山水自然景观方面，欧阳修著有《浮槎山水记》，王安石著有《游褒禅山记》，苏轼著有《石钟山记》《记承天寺夜游》《游兰溪》，晁补之著有《新城游北山记》，范成大著有《游峨眉山记》，王质著有《游东林山记》，朱熹著有《百丈山记》等。在描写人文景观方面，楼钥著有《江州普照院记》，沈辽著有《龙游寺宴堂记》，曾巩著有《金山寺水陆堂记》等。周密在《武林旧事》中的“湖山胜概”一章中，收录了杭州各类名山胜景共计452处，其中寺庙宫观多达220处。楼钥在《江州普照院记》中指出，普照院“去湓城东才十五里，为邦人游乐之地”。自然与人文景观的交相呼应，吸引着无数游人，举世闻名的“西湖十景”——平湖秋月、苏堤春晓、断桥残雪、雷峰夕照、南屏晚钟、曲院风荷、花港观鱼、柳浪闻莺、三潭印月、双峰插云，就是在宋代形成的。

除了日常游玩外，重要节日的庆祝活动也是吸引人们旅游的重要因素，诸如上元节观灯、洛阳牡丹花会、清明节踏青、中秋夜游赏月等。上元节观灯是两宋时期重要的节庆活动，沈遘在《次韵和李审言上元寄

断桥残雪

王岩夫》一诗中就描写了东京汴梁上元观灯的欢乐景象："此都豪丽岁仍丰，此夕都人凯乐中。车马笙箫千里至，楼台灯火九衢通。香舆轧轧凌风驶，粉袂翩翩照地红。病守行春真莫强，更堪攀倚少年丛。"除了观灯之外，上元节还有样式繁多的游乐项目。孟元老在《东京梦华录·卷六·元宵》中就列举了众多游艺项目，譬如"赵野人，倒吃冷淘。张九哥，吞铁剑。李外宁，药法傀儡。小健儿，吐五色水、旋烧泥丸子。大特落，灰药。榾柮儿，杂剧。温大头、小曹，嵇琴。党千，箫管。孙四，烧炼药方。王十二，作剧术。邹遇、田地广，杂扮。苏十、孟宣，筑球"等。

清明节既是宋代祭祀先人的重要日子，也是人们郊游踏青的好时节。据《东京梦华录》记载，清明节"都城人出郊"，因而城市的"四野如市，往往就芳树之下，或园囿之间，罗列杯盘，互相劝酬。都城之歌儿舞女，遍满园亭，抵暮而归"。周密在《武林旧事》中记载，清明节的临安"南北两山之间，车马纷然"，出郊祭扫者"寻芳讨胜，极意纵游，随处各有买卖赶趁等人，野果山花，别有幽趣"，可谓是一派祥和画景。

乘船、坐轿还是骑驴

宋人旅游的交通工具种类众多，既有船、车、轿等人力交通，也有马、驴、骡等畜力交通。

舟楫是宋代旅行者出游的必备首选，诗人范成大在赴桂林上任途中，一路泛舟游览，他在湖州时"将游北山石林，薛守愿同行。乘轻舟十余里，登篮舆，小憩牛氏岁寒堂，自此入山。松桂深幽，绝无尘事"。以舟楫畅游西湖，是临安城百姓的时髦首选。南宋吴自牧所著《梦粱录》一书，就对西湖游船有着十分详尽的记述："湖中大小船只，不下数百舫。有一千料者，约长二十余丈，可容百人。五百料者，约长十余丈，亦可容三五十人。亦有二三百料者，亦长数丈，可容三二十人。皆精巧创造，雕栏画栱，行如平地。各有其名，曰百花、十样锦、七宝、戗金、金狮子、何船、劣马儿、罗船、金胜、黄船、董船、刘船，其名甚多，姑言一二。更有贾秋壑府车船，船棚上无人撑驾，但用车轮脚踏而行，其速如飞。”

舟楫是水上游重要的交通工具，车马则是陆地游最重要的交通工具。北宋著名理学家邵雍就是乘车游览洛川胜景的，他在《伊川击壤集·卷三·宿延秋庄》中记载：“驱车入洛周，下马弄飞泉。乍有云山乐，殊无朝市喧。非唯快心志，自可忘形言。借问尘中有，谁为得手先。”在《春游五首》中，他还记录了“游女乘车”的场景：“三月牡丹方盛开，鼓声多处是亭台。车中游女自笑语，楼下看人闲往来。”

轿子也是人们出门旅行的常用交通工具之一。宋代的轿子种类很多，用途也各不相同，如肩舆、竹舆、山轿等。黄庭坚就乘坐竹舆游览永州的愚溪（今湖南省永州市境内），“意行到愚溪，竹舆鸣担肩”。南宋孝宗隆兴元年（1163），周必大罢归老家庐陵，途中且行且游：“（五月），壬辰黎明，同世永至含辉亭候日出，阴翳无所见。下视群山，皆培塿也。食罢，乘山轿游白云庵、菖蒲田、碣石岩。”

马、驴等也是宋人出行重要的交通工具。吴自牧在《梦粱录》中记载：“乘骑出湖边看湖山雪景，瑶林琼树，翠峰似玉，画亦不如。”邵雍则骑马游览了洛阳的龙潭胜景：“水边静坐天将暮，犹自盘桓未成去。马上回头更一观，云烟已隔无重数。”北宋名相王安石则喜好骑驴旅游，他二次罢相后，“筑第于南门外七里，去蒋山亦七里。平日乘一驴，从数僮游诸山寺”。南宋著名诗人陆游也喜好骑驴旅行，在他的诗作中不乏游玩之词：“此身合是诗人未？细雨骑驴入剑门”“山中看雪醉骑驴，清赏真成十载无”“老子平生喜远游，流尘不惜闇貂裘。江亭吹笛三巴夜，关路骑驴二华秋。”

打卡网红旅馆与美食

在外出游，住宿是必须面对的问题。宋代的旅馆业随着旅游业的发展也日臻兴盛，地域空间分布十分广泛。据史料记载，北宋都城汴梁和南宋都城临安就开设了数量众多的旅馆。据《东京梦华录》记载，东京大内前州桥之东，临汴河大街，“街西保康门瓦子，东去沿城皆客店，南方官员商贾兵级皆于此安泊”。相国寺附近的甜水巷更是客店旅馆集聚的区域。进入南宋时，临安的三桥一带是客店最为集中的地区。除了都城之外，其他城市也广泛分布着各式各样的旅馆。北宋仁宗时，朝廷发兵近6万人屯驻定州，士兵们“皆寓居逆旅及民间”。这里的“逆旅”指的便是旅馆，由此观之，定州城内的旅馆数量十分庞大。

宋代的旅馆分为官办和私营两类。官办旅馆规模较大，建筑及内部装饰华丽。宋真宗时，曾一度将朝集院设在朱雀门外，通过设立“凡白余区”以缓解还朝官员的住宿问题。苏州的姑苏馆“体势宏丽，为浙西客馆之最，中分为二，曰南馆、北馆……制度尤瑰，特为吴中伟观”。南宋时期，临安城内跨浦桥南江岸的樟亭驿，主要接待国内各地官员的往来住宿；侯潮门里泥路西的都亭驿，则专门接待外国使臣的住宿；怀远驿则是名副其实接待外国商人的国宾馆。

与官办旅馆不同，私人旅馆灵活多样。南宋临安城内就有众多私营旅店，诸如“清河坊旅馆、三桥黄家客店、贡院前姚氏店”等，很多士子远赴临安城内赶考，就投宿于这些私人旅店之中。据洪迈在《夷坚志》“婆惜响卜”条中记载：“括苍何湛叔存，清源王曾孙也。淳熙丁未赴省试，馆于三桥旅邸。”

私营旅馆的规模有大小之分。释文莹在《玉壶清话》中就记载了北宋初年东京城内的名店“十三间楼”，这是一处颇具规模的旅馆。这所旅馆原为后周大将军周景威所建，到北宋末年仍在经营，该店坐落在旧宋门里、汴河北岸，不仅有巨楼12间，而且“岁入数万计”，有“参政赵侍郎宅，在东丽景门内。后致仕归睢阳旧第，东门之宅更以为客邸，而材植雄壮，非他可比，时谓之‘无比店’”。此外，还有不少小型简陋的旅馆，庞元英在《谈薮》中记载：“慈谿县有三荐：茶店汤瓶不曾荐，客店床上无藁荐，大街上好放荐。”汪致道在“崇宁五年初登第，得宣州教授，以冬月单车之官，投宿小村邸。唯有一室，一秀才已先居之”。

随着人们出游热情的高涨，很多名胜古迹附近也出现了旅馆。邵雍在游玩龙门后写下《游龙门》诗：“江天无少异，幽鸟下晴沙。路去山形断，川回渡口斜。龛岩千万穴，店舍两三家。清景四时好，都城况不赊。”当时，龙门一带已是旅游胜地，凡游洛阳者，必去龙门。从诗中可以看出，龙门已经存在旅馆了。

与旅馆住宿紧密相关的，便是各式餐饮店。宋代旅游胜地的餐饮店数量众多，提供的饭菜也可谓品类繁多。北宋东京城内的金明池是当时一处重要的旅游景区，这里面不仅有“街东酒食店舍”，还有“池上饮食：水饭、凉水绿豆、螺蛳肉、饶梅花酒、查片、杏片、梅子、香药脆梅、旋切鱼脍、青鱼、盐鸭卵、杂和辣菜之类”，而琼林苑附近石榴园、樱桃园的亭榭区域“多是酒家所占”。

南宋都城临安的西湖则是天下绝景，游人众多。为了满足游客的用餐需求，西湖周边的餐饮店数量也颇具规模，著名的有丰乐酒楼。此外，小的酒店茶肆也不少，而且每逢旅游旺季，“店舍经营，辐辏湖上，开张赶趁”。凡在节庆期间，旅游胜地的餐饮业也异常热闹。陈允平在《春游曲》中记载：“长安二月东风里，千红陌上香尘起。都人欢呼去踏青，马如游龙车如水。两两三三争买花，青楼酒旗三百家。”由此观之，宋代的旅馆业和餐饮业已与旅游业紧密结合，不仅日臻繁盛，而且已成为宋代旅游活动中一道靓丽的风景线。

古人都吃什么饭

如果你是一个“吃货”，穿越到古代的话，会发现自己没什么能吃的，因为很多现在常见的食物，大多数在古代都没有，那么不同朝代的古人都能吃什么呢？

新石器时代：祖先开始蒸饭了

1973 年，考古人员在河姆渡遗址发现了 120 吨人工栽培的谷物，这些粮食主要由籼米和粳稻组成。在北方，吃米的历史同样悠久。《史记·夏本纪》中就有在黄河中下游种植水稻的记载。

新石器时代，古人发现用蒸汽煮熟的米饭，颗粒饱满，粒粒分开，于是“蒸饭”出现了。与如今的蒸饭不同，远古的蒸饭要事先在锅里

煮一下，再捞出来，在一种叫“甗”的蒸锅里煮熟。甗是底部有小孔的器具，这样放在鬲、釜中，蒸汽上下流通，把生米煮成熟饭。随着时代的变迁和技术的进步，甗由陶甗演变为青铜甗、铁甗，直到轻便的木甗出现。

商代晚期妇好三联甗

古代物质生活简陋，蔬菜种类很少。《诗经》里面的植物有 150 多种，其中一小部分是可以食用的蔬菜。葑、菲、葵、芹、荷等传到现在大概只有芹菜和莲藕了，大部分退出了蔬菜领域，成为野生植物了，但当时它们却是人们的生活必需品。当时连带苦味的葫芦叶子都当菜吃，不难想象那时蔬菜是多么匮乏。

商周时期：粮食种类有所增加

商周时期，随着人们的探索，粮食种类有所增加，主要的粮食有粟、稻、黍、稷、麦、菽等。黍，一种杂粮，去皮以后叫黄米，“硕鼠硕鼠，无食我黍”里面讲的黍就是这种谷物。稷，这个有些争论，有说是指粟的，有说是指黍的，还不好确定。麦，就是小麦。菽，就是大豆，在很早的时候就是中国重要的作物了，比如《诗经》中有“中原有菽，小民采之”的记录。

秦汉时期：将米饭晒干，吃时用水泡

秦汉时期，人们喜欢吃的已不再是蒸饭，而是一种“干饭”。这种干饭与现代一些地方将区别于粥的米饭说成的干饭不一样，是一种晒干没水分的真正干饭。秦汉时期的干饭又称为“糒”。《说文解字》称：“糒，干也。”《释名·释饮食》说得更具体：“干饭，饭而曝干之也。”干饭的制作方法是：将做熟的米饭晒成干饭。当然，这种干饭并不一定要用大米来做，小麦也可以。干饭做好后一般放在陶罐一类盛器中，随食随取。吃时把干饭投放进汤水中，这叫“飧”；如果是米与大豆一起制作出来的干饭，称为“糗”。因为糗与糒两种食物形态差不多，往往并称为“糗糒”。飧食，实际就是水泡饭，这与现代人们喜欢吃的“盖浇饭”不是一回事儿，但在语境上有相通之妙。干饭易于长期保存，携带和吃起来都很方便，是中国早期的一种“方便饭”。所以，干饭在汉代人的日常生活中占有重要地位。尤其是出行，人们往往将干饭随身携带，部队行军打仗，士兵也都带着干饭。需要注意的是，干饭并不是一种上档次的美食，而是一种大众化的食物，而上流社会认为糗糒难登大雅之堂，抱有鄙夷的态度。汉代还有一种叫“麦饭”的饭食，是由蒸熟的不脱壳小麦制作的。小麦连壳吃不易消化，口感不好。为了吃完这碗饭，古人把麦饭和汤一起吃，所谓“原汤化原食”。当时，主人是不能用麦饭招待客人的，那是对客人的不敬。

秦汉时期的主要食物还有豆子，偶尔会吃一些粟米粥，而且这个时代的人已经发明了锅的原型——镬，主要是用来炖菜的，因为那时调料太少，做出来的味道可想而知。后来张骞出使西域带回了很多东西，比如葡萄、石榴、大蒜，但毕竟是刚刚开始引进，并没有大规模流入民间。另外，古代的盐很贵，所以吃的食物大都很清淡。秦汉之际，主要的蔬菜是葵、藿、薤、葱、韭。葵，就是现在的冬寒菜，也叫冬葵，“青青园中葵，朝露待日晞”里的葵就是它。藿，是大豆苗的嫩叶，现在也不再吃了，《战国策》中的“民之所食，大抵豆饭藿羹”中记载的就是它。薤，就是藠头。葱、韭这两样就是大家熟悉的了，就不再介绍了。

魏晋南北朝：有钱人才能吃上白米饭

把米饭吃出花样来是魏晋南北朝时期的事情，现代人们所吃的各式米饭，在这一时期基本都出现了。如现代人们喜欢吃的菜饭，就是魏晋人最早吃出来的。菜饭，在当时叫“蔬饭”或“蔬菜饭”，其做法是将蔬菜剁碎混合在米里，然后烹饪成饭。与现代人们吃菜饭是为了换口味不同，在魏晋时期，吃菜饭是为弥补主粮的不足，以菜充饭，填饱肚皮。

当时的稻米饭称为“白米饭”，因稻米产量不足，普通人家不能常吃。到南朝中后期，随着水稻种植的推广，稻米增加，普通老百姓才吃上了白米饭。

隋唐时期：一日三餐成主流

古人“饥则求食，饱则弃余”，定时吃饭的习俗最晚形成于商代。当时的人一天吃两顿饭，第一顿是正餐，正儿八经地做饭吃，第二顿却是残羹剩饭。秦汉时期，上流社会普遍为“一日三餐”，级别较低的官员和寻常百姓多为“一日二餐”。到了隋唐时期，在民间基本普及了“午餐”,“一日三餐”成为社会主流。午餐是在日中时开始的，故名“中食”“昼食”，是成为一天中最重要的一顿饭。

隋唐时期，小麦的研磨技术已经很成熟，于是面条产生了，唐朝时期很流行吃面条。当时的烧饼像馕饼一样，并不会放芝麻。此外，酸奶、马奶、干酪等奶制品在当时很流行。

宋朝时期：烹饪技术大进步

米饭在宋朝与今天没什么区别了。烹饪技术的进步、口味的不断变化，使得宋朝的“花式米饭”层出不穷，有青粳饭、蟠桃饭、金饭、玉井饭、盘游饭、二红饭、蓬饭等。那个时代的人下馆子，有很多选择了，可以吃炒菜、汤羹及各种油炸食物和糕点。柴米油盐酱醋茶这一套厨房必备，就兴起于宋朝。宋朝的蔬菜有甘蓝、菠菜、萝卜、黄瓜、葫芦、茄子、冬瓜、竹笋等，各种水果也不缺，唯独缺一种现在很多人生活中必不可少的调味品——辣椒！

明清时期：白薯、玉米传到中国

明朝末年，随着新航路的开辟，美洲农作物传入，中国粮食作物加入了不少新成员。明正德（1506～1521）年间，玉米传入中国，在沿海地区种植，明清两代逐渐推广。白薯的传入则颇有几分传奇色彩，明万历（1573～1620）时期白薯传入吕宋（今菲律宾），中国商人陈振龙见到后想带回国内，吕宋政府禁止薯种出口，陈氏“取薯藤绞入汲水绳中，遂得渡海”。回国后，陈氏6代致力于推广白薯种植，或荐之达官，或推广薯藤于各地，或著书介绍种植方法，为白薯在中国的推广立下了汗马功劳。白薯产量是谷子的10多倍，有利于缓解中国粮食短缺的问题。玉米、白薯等高产作物的传入，也在一定程度上推动了清代人口爆炸式增长。

辣椒是在明末清初时期才传入中国的，虽然到来晚，但是大受欢迎，很快就在全国推广开来，并产生了很多无辣不欢的地区。

古代政府如何减税

个税、房产税总是社会议论的热点。纳税是古今人民都必须履行的义务。虽然古代纳税人的“税负痛苦指数”比较高，但古代政府在减免方面也有让纳税人高兴的地方，每个朝代都会有给纳税人减税的措施。

“税其舍不税其物”，古代亦征房产税

在汉代，刘彻（汉武帝）当皇帝时出现了“缗钱税”。此税种起初是对现金，即所谓“缗钱”一类动产征税。后来扩大征收范围，将田地、房宅在内的家庭财产均纳入征税范围，这应该是封建时代“房产税”的滥觞。

房产税的历史源远流长。反映上古周代国政的典籍《礼记王制》中，即有“市廛而不税”一说，意思是租用公家的店铺则不必再缴营业税。东汉学者郑玄注解：“廛，市物邸舍，税其舍不税其物。”这里的“税其舍”，可以理解为收取房产税。

东晋时出现了“估税”，由此演变出了后世的契税。所谓“契税”，本是一种商税，东晋将之加以发展，规定田宅、牛马、奴婢等的交易均要立契约，根据契约的成交价收税 4%，其中卖方承担 3%，买方承担 1%。不立契约的零散交易，征收“散估”，税率同为 4%，全由卖方承担。

单一房产税的正式出现是在唐代，其税名叫“间架税”。间架税得

名于其征税单位和方式，每屋两架为间，按屋的好坏分为 3 等，上屋征税 2000 钱，中屋征税 1000 钱，下屋征税 500 钱。

之后的五代十国时期，后晋少祖石重贵、后周世宗柴荣，均先后开征过“屋税”。

北宋房产税称为“印契钱”，于开宝二年（969）开征。因为当时交易所用契纸由官府统一印制，故名“印契税”。这是中国“契税”这一税种名称的开始，开征之初，就是向典卖田宅对象征收，税率 4%。

南宋建炎二年（1128），印契税易名为“钞房定帖钱”。7 年后，即绍兴五年（1135），改称“斟合钱”。

南宋房产税的征收相当严格。绍兴五年十二月，朝廷下令地方州县印发“户帖”，规定老百姓所有田土房舍等都要估值纳税，并领取“户帖”，粘贴于门牌上，以便稽查，称为“买帖”。

后来，因为估算田宅价值不易操作，干脆以各家各户田宅多少好坏，分出若干等级，分别交纳 1000 ～ 30000 钱不等的房产税。在此基础上，南宋首创了“遗产税”。

元代征收的“房地租”，已与现代的“房产税”税名非常接近了。

“轻税入官”，政策性减税

“税”，在古代中国比较复杂，不同的朝代有不同的叫法和征收手段，如“役”“赋”“贡”“助”“彻”“租”“庸”“调”“捐”“算缗”“厘金”等。古代在税收政策上，也有值得称道的地方，会有相应的税收减免政策，以减轻纳税人的负担，恢复和促进生产发展。

减税，是古今纳税人的愿望，也是古今通行的惠民政策和做法。减税免税这类“薄税敛”的做法，是古代统治者一贯主张的“仁政”的重要内容之一。那么，古代政府是如何从政策上“薄税敛”的？

一般来说，在建国初期，新王朝都会实行减税政策，以利民生，恢复生产力。如在隋朝，隋文帝杨坚便提倡轻徭薄赋，“轻税入官”，积极减轻民间税务负担。开皇二年（582），在前期减税的基础上，朝廷又将田租户调的应交额降低，并减少了服役天数。接着，还废除了盐酒官卖制度，停征盐酒税。

停征盐酒税，和现代取消农业税一样，是一件了不起的事情。从先秦时起，盐税收入已成为国家收入的重要来源。盐是生活必需品，废除盐税、酒税，惠及千家万户，大大减轻了老百姓的负担。

宋朝立国后，宋太祖赵匡胤下令对百姓种桑、枣树，开辟荒田等，停征租税。宋太宗赵光义即位后，又诏令全国减免税收：“凡州县旷土，许民请佃为永业，蠲三岁租，三岁外，输三分之一。”同时，还废除了工商业的杂税。

明太祖朱元璋在减税方面，同样做得很到位。明初，首先降低商业税，改税率为“三十税一”。洪武十三年（1380）又明令，军民嫁娶丧祭之物，舟车丝布之类，都不再征税。

清朝从顺治时期起，便在多地蠲免田赋。康熙（1662～1722）年间，全国有更多的地方实行田粮赋役蠲免。康熙皇帝在位60多年中，全国普免、各省轮流蠲免以及区域性蠲免，影响较大的便有30多次。

乾隆十年（1745），朝廷将各省钱粮全行蠲免，这样的“天下无税”，在乾隆三十五年、四十三年、五十五年都曾先后实行过；乾隆三十年、四十五年、六十年这三年，各免全国漕粮一次，这在中国税收史上是少见的。

“普天同庆”，临时性减税

从古代税收史料来看，古代老百姓税赋“痛苦指数”确实还是很高的，特别是在不太平的年份。考虑到纳税的疾苦，除了上述政策性减税外，古代政府还有不少临时性的减税手段。

人头税和土地税，是古代政府最大的税种，也是最主要的减免税种。一般在灾歉之年、皇帝行幸之时，重农劝农、鼓励移民之际，朝廷都会在特定范围给特定对象减免税收。

在汉代，减免税收是朝廷经常性使用的惠民、救荒手段。刘弗陵（汉昭帝）主政的始元二年（公元前 85 年）是个灾年，《汉书・昭帝纪》记载，当年秋八月，朝廷下诏："往年灾害多，今年蚕麦伤，所振贷种、食勿收责，毋令民出今年田租。"

在古代，皇帝外出巡幸，一般也多会减免税收，让当地老百姓"高兴一下"，对皇帝感恩戴德。《汉书・文帝纪》记载，公元前 177 年，汉文帝刘恒从甘泉"幸太原"。刘恒在太原停留游玩了 10 多天。高兴之余，"复晋阳、中都民三岁租"。意思是，免了晋阳、中都两地老百姓 3 年税赋。

新皇登基，皇帝、皇后过生日，立太子，现瑞象等重大"喜气"的日子，在大赦天下的同时，朝廷也动辄减免税收，实现"普天同庆"。《后汉书祭祀志》记载，东汉刘秀（光武帝）在当皇帝的建武三十二年（公元 56 年）四月份，改元"建武中元"，大赦天下，博、奉高、嬴三地，不用上缴当年的租粮和畜草。

类似汉代这样"赈灾"式、"普天同庆"式的临时税收减免方式，一直到清末都还在实行，并影响到现代税政。

"大索貌阅"，古代税收大检查

对于现代不时会发生的偷漏税和拖欠不缴行为，在古代亦常见。相应地，古代对之惩罚亦重。隋初减税幅度很大，为了保证国家财政收支平衡，隋文帝开展了一场全国范围内的税收大检查，时称"大索貌阅"。所谓"大索"即大检查;"貌阅"，即实地核查户口，以严堵漏逃税赋。

唐代征收的"间架税"，对于那些房产多的人家来说，税负很重，所交的税金动辄数百缗，所以不时有人冒险隐瞒不报、少报，以偷逃税款。朝廷为此出台税政，如果敢隐匿一间不报者，“杖六十”。为及时发现偷漏税行为，政策出台了奖励办法，举报人可以得到五十缗“奖金”。

唐代这种“奖励政策”，并非唐朝首创，乃汉武帝刘彻的发明。刘彻在推出“缗钱税”后，紧跟着颁布了一道《告缗令》，此令的中心意思就是以物质奖励的形式，鼓励民间举报偷逃税行为。查实后，被举报人的财产一半归举报人，此即《汉书·武帝纪》中所说的，“令民告缗者以其半与之”。

《告缗令》可以说是中国税收史上有明确记载的、最早的一次“税收大检查”通知。宋朝规定，田赋逾期缴纳的，按欠税处理。从实际征收情况来看，宋代逃税情况比较严重，这在南宋时期尤为明显。当时民间对付征税的办法是交易双方私立契约，不向官府报税，时称“白契”现象。

针对“白契”现象，南宋也曾进行税收大检查，称为“括白契”。大检查中，要求百姓自行申报纳税，隐瞒不报、偷漏税者，一旦查到，将没收其偷逃田产总价的三分之一。

元朝对偷漏税者处罚也很重。比如商税，元政府规定，凡隐匿税课者，物资一半没官。偷漏税者一旦被发现，“犯者笞五十”。出于鼓励举报人的考虑，被没收财物的 50% 将作为奖金奖给举报人。

宋人旅游收费趣闻

在大众休闲旅游盛行的当下，景区高昂的门票价格往往被民众所诟病。为此，国家相关部门出台多项政策，着力引导和推动景区门票价格回落，以适应公众消费能力。环顾历史，在商品经济高度发达的宋代，人们的出游活动已渐成常态。那么，宋代的旅游胜迹是否要收取门票？其价格又如何呢？

寺院向香客收取的规费

两宋时期，高度发达的商品经济使市民生活逸趣横生。宋朝境内有着丰富的旅游资源，催生了旅游活动的兴旺。从北至南，既有山、湖、溪、岩、洞等自然资源，亦有寺观、园林、楼阁、古迹等人文资源，尤其是市坊规制被打破后，喧闹繁华的市井民风引人留恋驻足。此外，清新脱俗的乡野情趣，也吸引不少文人墨客纷至沓来。在当时，除皇庄和部分私家园林外，绝大多数的游览胜地都是免费向公众开放的；但在一些寺院宫观或私家园林处，收费才能游览的现象也屡见不鲜。

在宋代，声名远播的寺院宫观大多建于风景秀美之地，北宋文人苏辙就吟诵有“四方清净居，多被僧所占”的诗句。除了优雅的自然环境

太平兴国寺

外，不少寺院宫观还有独具特色的景观。如河南省浚县的太平兴国寺，就以“牡丹红紫盛开”名扬天下；闻名遐迩的嵩山少林寺，则以险峻幽邃的嵩山为屏障，吸引八方来客前来游览。这些著名的人文景观令游客心驰神往，流连忘返。当各地的游客来到寺院宫观游览之时，僧道们嗅到了背后的经济价值，于是便向来访之人酌量收取规费。

宋代佛道颇为盛行，凡来到寺院宫观的游客大多为虔诚的善男信女，他们以钱币或实物的方式，捐纳相应之物，以供养自己所信奉的神灵，继而达到祈求和还愿的目的。南宋文学家洪迈在《夷坚志》卷十四《董氏祷罗汉》中就记载了乡民祈愿捐纳之事：“乡人董爟彦明，三十余岁未有子，与其妻自番阳偕诣庐山圆通寺，以茶供罗汉，且许施罗帽五百顶以求嗣。”董氏夫妇以求嗣祈愿为目的，前往庐山圆通寺供纳祝祷，其本身就是一种宗教旅行活动。他们抵达寺院后，施舍了不少茶叶和五百顶罗帽，以此作为向寺院进缴的规费。

大中祥符六年（1013）十二月，天雄军府周起向宋真宗进谏，称五台山僧人“镂木饰金为冠，上设释迦等像”，以此引诱游人及香客“诳民求钱”，奏请宋真宗下诏禁止。宋真宗体察后，遵其所请。所谓“诳民求钱”，实质上就是游人向寺院缴纳规费。北宋陶谷所著《清异录》中记载，汴梁府的封禅寺内有一铁香炉，炉边“锁一木柜，窍其顶，游者香毕，以白水真人投柜窍”。这里所说的“白水真人”，其实就是对金钱的戏谑之称。封禅寺单凭这一木柜，能“收此以为一岁麦本”，可见寺院仅靠香火钱，就可积攒丰润的收益。

私家园林主向游人收取门票

如果说寺院宫观向香客收取的规费较为隐晦的话，那么私家园林面向游客所收取的门票则更为直截了当。宋代营造私家园林渐成风尚，一些实力雄厚、财资颇丰的达官显贵和富贾巨商，往往耗费巨资营造园林。苏州沧浪亭便是由其首位主人——北宋著名诗人苏舜钦购地所建，好友欧阳修在《沧浪亭》一诗中对苏舜钦营造宅邸的花费坦言：“清风明月本无价，可惜只卖四万钱。”北宋初年，李侯在其寓所“开一园，构一亭，竹树花卉少而且备，游赏宴息近而不劳。其始也，患土地之不广，则倍价以市之”，营造费用多达四百万贯。尽管这些私家园林多由个人出资兴建，但建成后大多面向民众开放游览，如吴兴（今浙江湖

沧浪亭

州）的丁氏园，“春时纵郡人游乐”；苏州的南园，早期为“钱氏广陵王之旧圃也。老木皆合抱，流水奇石，参错其间”，此后，宋徽宗将南园赐予蔡京，“每春，纵士女游观”。

事实上，私家园林面向公众开放之举颇受民众欢迎，但这种开放并非是无偿的。不少私家园林都要向游客收取门票，才能允许入园参观。宋末元初的徐大焯在《烬余录》中记载了苏州官宦朱勔营造泳水园后，面向游客收取门票之事：“朱勔家本虎丘，用事后构屋盘门内，名泳水园。中有双节堂、御容殿、御赐阁、迷香楼、九曲桥、十八曲水、八宝亭。又毁阊门内北仓为养植园，栽种盆花，每一花事必供设数千本。游人给司阍钱二十文，任入游观，妇稚不费分文。”据记载，泳水园内不仅有亭台楼阁，还有花卉展陈，吸引了不少游人驻足观赏。园门口不仅有称为“司阍”的专人进行收费，而且还明确了收费标准，即每张门票二十文，妇女和儿童则分文不收。

北宋文臣马永卿在《元城先生语录》中记载了名臣司马光营造独乐园并收取门票之事，“老先生于国子监之侧得营地，创‘独乐园’，自伤不得与众同也。以当时君子自比伊周孔孟，公乃行种竹浇花等事。自比唐晋间人，以救其敝也。独乐园子吕直者，性愚鲠，故公以直名之，有草屋两间，在园门侧。然独乐园在洛中诸园，最为简素，人以公之故，春时必游。洛中例，看园子所得茶汤钱，闭园日与主人平分之。一日，园子吕直得钱十千省，来纳。公问其故，以众例对，曰：此自汝钱，可持去。再三欲留，公怒，遂持去。回顾曰：只端明不爱钱者。后十许日，公见园中新创一井亭，问之，乃前日不受十千所创也，公颇多之”。独乐园风景绝佳，加之司马光无人企及的名望，使得此园名声大噪，参观游览者络绎不绝。园内由一名叫吕直的差役负责看护，因游人如织，仅一天所收取的茶汤钱就高达十千。所谓的茶汤钱，实质上就是现代人所说的门票。

观赏奇珍异宝所收取的费用

除了寺院宫观、私家园林收取门票费用之外，一些人还将园内所种植的奇花异草作为观展之物，向游客收取一定的观赏费。北宋文臣蔡绦在《铁围山丛谈》中就谈及观赏牡丹花需缴纳观赏费一事。“姚黄”本是牡丹花中的珍品，“洛阳人为吾言姚黄，檀心碧蝉，生异花叶，独号‘花王’。虽有其名，亦不时得，率四三岁一开。开或得一两本而已，遇其一必倾城。其人若狂而走观，彼余花纵盛，勿视也。于是姚黄花圃主人，是岁为之一富”。种植姚黄花的主人凭借收取观赏费一项，“是岁为之一富”，可见其中利润丰厚。

北宋文人欧阳修在《洛阳牡丹记》中说，“魏家花者，千叶肉红花，出于魏相仁浦家。始樵者于寿安山中见之，斫以卖魏氏。魏氏池馆甚大，传者云：此花初出时，人有欲阅者，人税十数钱，乃得登舟渡池

洛阳牡丹

至花所。魏氏日收十数缗。”缘于魏家园内有名花“千叶肉红花”，凡游人欲观赏者，需缴纳“人税十数钱”。也就是说，只有缴纳一定的费用，才能够观赏此花。北宋文人张邦基在《墨庄漫录》中记载了陈州（今河南周口）花户因栽培奇花，向观赏者收取费用一事。宋徽宗政和（1111 ～ 1118）年间，张邦基“侍亲在郡”，花户牛氏的家中“忽开一枝，色如鹅雏而淡。其面一尺三四寸，高尺许，柔葩重叠，约千百叶，其本姚黄也。而于葩英之端，有金粉一晕缕之，其心紫蕊，亦金粉缕之”。牛氏将这个独特的花卉品种“以缕金黄名之”，并将此花悉心看护起来，“于门首，遣人约止游人”，规定只有“人输千金，乃得入观”。于是，牛氏单靠此花，在数十日间，就获取了近千贯的收益。有趣的是，张邦基自己也按捺不住好奇之心，通过向花户交付一定的观赏费用，才始见此花真容。

宋代旅游胜迹兼收门票，其本质反映出商品经济的高度发达。精于商道的宋人依托寺院宫观、私家园林、奇珍异宝等独特资源充分获取经济收益，已然成为宋代社会经济发展的普遍现象，从而助推了两宋旅游经济的蓬勃发展。

古人穿鞋不分左右

鞋子分左右脚，这是现在大家都知道的常识。但如果时光能回到100年前，鞋子分左右脚，还是颇为另类的现象。分左右的鞋子，古代称为“运脚鞋”，古人是不穿的，在几千年的时间里，古人穿鞋始终不分左右。

左右不分的鞋子是否难穿

左右不分的鞋子是不是很难穿？不是的，古代制鞋的材料较为柔软，如草鞋、麻鞋，即使用动物皮，也处理得很柔软。而且，古人穿的鞋子做得相对宽松，尺码比较大，不会有穿不上或是磨脚的现象。有意思的是，古人穿的鞋不讲尺码，只说鞋号，称“脚第几”。

东晋编织履

古人试鞋讲左右，猜猜先出哪只脚

虽然鞋子不分左右，但古人买鞋还是讲左右的。试鞋时，一般会先伸左脚，只要左脚能穿下，右脚就不用试了。这是因为，人的左脚一般比右脚稍长一些，这与手刚好相反。在古代，还有人因左脚畸长而出名，如楚国的宰相孙叔敖，《荀子·非相篇》中便记其“长左”。

因为鞋子不分左右，古代制鞋用的鞋楦只有一只，而非现代的两只。其实，鞋子不分左右国外亦然。西方鞋子分左右，距今也不到200年的时间，出现于1818年的美国。中国第一双分左右的皮鞋，诞生于1876年，由上海浦东人沈炳根试制成功，可见穿鞋分左右的历史非常短。

古人鞋子为何不分左右

不分左右的鞋子，又叫“正脚鞋”，也叫“直脚鞋”。古人的鞋子为何不分左右？可能与古代人忌讳穿颜色、款式不一的“鸳鸯鞋”有关。在古人眼里，两只鞋子必须一模一样，两只不一样的“鸳鸯鞋”则被视为不洁，贱民才穿，这与现代前卫一族有意穿之以显时尚，完全不同。

与官匪都有勾结之人，民间俗称为“黑白两道”。这一俗称和概念的来历，便与“鸳鸯鞋”有关。古代鞋履等级区分严格，如在魏晋南北朝时期，连所穿鞋子的颜色都有严格规定。对中国古代服饰文化影响极深的北魏孝文帝“服制改革”即规定，鞋履的颜色“士卒百工无过绿、青、白；奴婢侍从无过红、青，犯者问斩”。对做买卖的生意人，西晋朝廷则规定，凡市侩必须一脚穿白鞋，一脚穿黑鞋，这种鞋就是“鸳鸯鞋”。这种一双鞋分黑白两只的现象，古人称之为“黑白两道”。由于商人多佞，喜官商勾结，关系复杂，进而衍生出了现代含义的“黑白两道”。

虽然古代女人不喜欢穿鸳鸯鞋，但喜欢在鞋上绣鸳鸯一类飞禽图案做装饰，特别是汉唐以后，妇女常用鸳鸯图案装饰鞋履，并成为潮流。唐代诗人令狐楚在《杂曲歌辞·远别离二首》一诗里即说：“玳织鸳鸯履，金装翡翠簪。”

《永乐宫壁画》中后土娘娘穿着华丽的粉色凤头高履

所谓的“鸳鸯履”，并非颜色不一的“鸳鸯鞋”，而是做工精细、在鞋头绣有鸳鸯的精美女鞋。除了绣鸳鸯，还有的在鞋头上绣凤头、雀头、伏鸠等图案，相应称为“凤头履”“雀头履”“伏鸠头”等。这些鞋的共同特征是鞋尖翘起，古人称之为“鞋翘”。

鞋尖上的秘密多

鞋翘设计并非中国独有，却是中国古鞋的代表性特征。中国鞋翘最讲究，鞋尖上的秘密多多，男鞋女鞋都是翘头，与“男方女圆”鞋式区别很明显。

鞋翘设计早在上古时已出现，到汉代出现了“歧头履”。湖南长沙马王堆一号汉墓、湖北江陵凤凰山 168 号汉墓，都曾出土过双尖翘头的歧头履。

此后，鞋翘的设计就丰富起来了，即便是草麻质地的鞋子，也会设计出高头鞋翘。隋唐时期，女鞋的款式变化主要在鞋头上，或圆，或方，或尖，或分为数瓣，或增至数层，但均是高头鞋翘设计。即便五代以后出现了“三寸金莲”，也就是裹脚女性所穿的尖头小鞋，也没有放弃鞋翘设计。

江西明墓出土的明代翘尖弓鞋

古人也信星座吗

每当夜幕垂临，人们极目星空之时，无不感叹宇宙的浩瀚和邈远，其绚烂之美摄人心魄。古人仰望苍穹，面对耀眼无比的星空，似乎在冥想天界与人间应当存在某种联系。于是，充满想象力的古代先民开始用神话故事去摹绘天上的美景：各路神仙傲居天宫，不仅身着雍容华贵的深衣，而且身怀上天入地的绝技；他们还饶有兴致地注视着世间百态，闲暇之余还装扮成凡人，体悟人世间的七情六欲。“四方上下曰宇，往古来今曰宙。”人们期盼从星月排布中去捕捉生命的奥秘，去洞察天地间深邃的内在哲理。

为了更好地诠释天地之间的义理，人类开始用造物论去揭示天际中星辰运行的轨迹。华夏先民自殷商时期就开始占卜测运，两汉之际谶纬之术盛极一时。南北朝时期，随着佛道的兴盛，占卜之术与宗教哲学紧密相连。唐代以后，西方天文学开始传入中土，占星术由此萌发。两宋之际，占星术已成为市井街巷里人们热议的话题。据说，北宋文豪苏轼就是一位不折不扣的“追星族”。人们不禁惊叹，宋人内心的星星世界究竟有何逸趣？

星座之说的由来

星座之名最初缘于占星之需。早在公元前 3000 年，古巴比伦人就开始探索星际奥秘，并衍生出较为成熟的天文学理论。他们将太阳运行一周的黄道等分为十二个星座，当然也包括其他一些星座。这是人类有史以来最早有关星座之名的记载。另有一个说法是，在公元前2000年，古希腊天文学家希巴克斯为测算太阳在黄道上运行的方位，遂将黄道分割为十二个区段，以一年的春分点为0°，即黄道零度。由此算起，每隔30°为一宫，并对各宫内的星座予以赐名，它们依次是“白羊、金牛、双子、巨蟹、狮子、处女、天秤、天蝎、人马、摩羯、宝瓶、双鱼”宫，统称“黄道十二宫”，即“十二星群”。

十二星座

此后，“十二星群”又演变为人们所熟知的“十二星座”，分别是：双鱼星体位于赤经1时、北赤纬15°附近，其形酷似连缀于一体的两条鱼，故名“双鱼座”。白羊星体位于赤经3时、北赤纬20°附近，其形酷似一只公羊，故名“白羊座”。金牛星体位于赤经4时20分、北赤纬 16° 附近，其形似一头公牛，故名“金牛座”。双子星体位于赤经 7 时、北赤纬 22° 附近，其形酷似一对孪生子，故名“双子座”。巨蟹星体位于赤经 8 时 25 分、北赤纬 20° 附近，其形似一只螃蟹，故名“巨蟹座”。狮子星体位于赤经 10 时 30 分、北赤纬 15° 附近，其形似一头雄狮，故名“狮子座”。处女星体位于赤经 13 时、南赤纬 2° 附近，好似一位手持一捆麦子的少女，酷似古巴比伦神话中的丰收女神之像，故名“处女座”。天秤星体位于赤经 15 时、南赤纬 15° 附近，其形似一女子手持一天秤，意指罗马正义女神阿斯特拉雅，故名“天秤座”。天蝎星体位于赤经 16 时 30 分、南赤纬 30° 附近，其形酷似一只蝎子，故名“天蝎座”。人马星体位于赤经 19 时、南赤纬 25° 附近，其形像一个骑士张弓搭箭，呈蓄势待发之状，故名“人马星座”，也称“射手座”。摩羯星体位于赤经 21 时、南赤纬 20° 附近，其形像一只具有鱼尾巴的山羊，故名“摩羯座”。宝瓶星体位于赤经 23 时、南赤纬 10° 附近，其形像一个人从水罐中倒出一股清泉，这可能与古时宝瓶星体从东方升起以及中东地区洪水泛滥的雨季相关，故名“宝瓶座”。

诸星拱卫环绕，天文学家从形态中想象它们的物象，本意是为了记忆和辨识。令人意想不到的是，这一天文奇观竟与后人预测祸福吉凶的算命相联系。或许你会疑惑，西方人究竟是如何通过占星来预测运势的？事实上，在他们看来，人的一生际运均与星势密不可分。

首先是定宫位，凡出生时位于东方地平线下、卯位上的星座，即为第一宫命宫。由此，逆时针确立十二宫位，依次为第二财物宫、第三兄弟宫、第四田宅宫、第五男女宫、第六奴仆宫、第七妻妾宫、第八病厄宫、第九迁移宫、第十官禄宫、第十一福德宫、第十二相貌宫。此十二宫，对应人生的十二个方面。

其次，看七曜（日月五星）所在宫位的情况，以此推断人生的各个方面，后来又有九曜（七曜加上罗睺、计都）、十一曜（九曜加月孛、紫气）之说。罗睺、计都、月孛、紫气称为“四馀”，因不是真实存在的星宿，故名“暗曜”。罗睺、计都和日食、月食有关，而月孛、紫气究竟为何物？目前，天文学家对此尚存争议。一般而言，木星、太阳属吉星，火星、土星、罗睺、计都、月孛属灾星。若众星曜聚于同一宫中，或位于正对的宫位，则被认为对命主的运势有较大影响。西方术士有口诀，倘若好的运势，谓之“金骑人马”“水居双女”；倘若不好的运势，谓之“木打宝瓶”“火烧牛角”。

最后，结合流年中七曜在各宫的情形，推断此年吉凶。北宋太祖开宝七年（974）在敦煌刊刻的《康遵批命课》中，就记载了一则以星宫运势算命的例子。据史料记载，某人出生时正好天蝎宫位于东方地平线下，此人就以天蝎宫为命宫。然后经术士推算，大约 23 岁到 26 岁时天蝎宫出位，由此，占星术推定此人如在此年岁，必遭疾病之患。利用七曜运行来推定运势，需要具备相当的数理和天文知识，最早的精密科学遂由此产生。事实上，占星术是建立在对星宿认知的基础之上。所谓星宿，指的是人们常说的八大行星以及恒星太阳和流动的彗星等。当人们仰望星空之时，远望浩瀚“珍珠”散落于绸缎般墨蓝的夜幕之上，遂情不自禁地想探索其蕴含的奥秘。在古人看来，苍穹的奥秘不仅蕴含着自然界的法则，同时也暗藏着人类命运的真谛。

古老的华夏占星术

与西方人尊崇占星术一样，中国人也有一套属于自己的占星系统。华夏先民为求农事顺遂，于是日夜观测星象，逐步形成了一套完整的东方星象学。这套星象学与西方占星术一样，可以查究吉凶、辅国理政，正所谓“古之欲正世调天下者，必先观国政，料事务，察民俗，本治乱之所生，知得失之所在，然后从事”。

早在远古时期，华夏先民就与占星术结下了不解之缘。三代时，凡君王出征、祭祀先祖，都需要夜观星象，以占卜吉凶。春秋战国时期，占星术被用来预测君王及国家祸福。凡王朝更替、新君登基，都需要观星象以取吉日。这一时期，不仅诸子百家在思想领域内百花齐放、百家争鸣，星象学也颇为兴盛，诸如宋国的子韦、齐国的甘德、楚国的唐眛，都是享誉一时的星象家。秦汉时期，占星之术与谶纬之学紧密相连，在政治权力斗争中发挥着重要作用。西汉史学家司马迁在《史记·天官书》中对宇宙与人世间的关系，以及星宫体系的渊源和流变进行了周详的记载。东汉史学家班固在《汉书·天文志》中记录了张衡发明的地动仪，并将张衡所撰写的《灵宪》等天文学著作收录其中。在董仲舒等人宣扬的“天人感应”时代，小小的星宿被赋予了政治功能，上至国家攻伐，下至官员任免，似乎都可以从星宿的变化和运势中得到印证。在古人看来，星宫的位移与王朝的命运息息相关，占星术成为帝王手中权谋的一把利刃。汉宣帝刘询为了铲除以霍光为首的外戚势力，便以星宫变化为名，将“贼”的名目强扣于霍氏家族，剿灭了霍氏家族在朝中的势力，以此巩固皇权。魏晋南北朝时期，战火纷飞，百姓命运多舛，人们将自己的人生际遇假托于星空之中。三国时期，诸葛亮出山之初就对刘备说：“亮夜观天象，刘表必不久于人世，荆州日后必归于

张衡雕像

将军。”梁武帝在《游仙诗》中亦云：“水华究灵奥，阳精测神秘。”《晋书·陈训传》中记载星象家陈训“少好秘学，天文、算历、阴阳、占候无不毕综”，陈训也平步青云，官至谏议大夫，成为一代硕儒。

那么，古人是如何夜观星象的呢？明末清初三大家之一的顾炎武指出：“三代以上，人人皆知天文，‘七月流火’，农夫之辞也。‘三星在天’，妇人之语也。‘月离于毕’，戍卒之作也。‘龙尾伏辰’，儿童之谣也。”在他看来，上古时期夜观星象并非少数人的特权。三代时，凡男女老少，不论布衣还是官宦，都渴望探索苍穹中的奥秘，以此寻找自己的人生坐标。秦汉以后，因为解读星象与君王之治休戚相关，也就成了钦天监等少数人的特权。经过历史积淀和日积月累的观测，星象学得以茁壮成长。

东方星象学

或许你会疑惑，星象学和天文学是否同宗同源，甚至就是合为一体的呢？在古人看来，天文指的就是天象，即由日月星辰乃至云气所构成的种种迹象。《汉书·艺文志》中记载，“天文者，序二十八宿，步五星日月，以纪吉凶之象，圣王所以参政也。《易》曰：‘观乎天文，以察时变。’”这里所说的天文，指的就是人们通过划定二十八星区，推算五星日月，以此记录与人事吉凶祸福相关的星象异变，并作为圣主明君治国理政的参考。

从史料记载上看，古人在谈及天文星象之时，多选用“天文”为专用名词，一般不用“星象”代指。

那么，古人所说的星象指的又是什么呢？事实上，古人所说的星象大抵指的就是占星术。从今人的知识图谱上看，占星术只是星象学的一个部分，即根据天空各类星象的性质、位置及异常变化，来预测和占卜自然界及人世间的异常变化。譬如，古人观测到“天裂”这一天文奇观，就会用占星术去解释其背后的寓意。据《京氏易妖占》记载:“天开见光，流血滂滂。”所谓“天开”指的就是天裂，而“流血滂滂”，指的就是人世间即将发生战争或面临被屠杀的凶险。《汉书·五行志》中遗存有刘向的《洪范五行传论》，其中就谈及汉惠帝二年（公元前193年），东北方向发生天裂,“宽一十多丈，长二十多丈”。星象家预言，朝廷不久定要发生重大变故。果不其然，没过多久，周勃带兵进剿吕后，诛其全族。

汉景帝前元三年（公元前154年），北方再次发生天裂奇观，又有红色人形出现，长十余丈。不少星象家言之凿凿，恐国中生变。确如所言，同年吴王刘濞率先叛离，吴楚等七国之乱遂起，死伤者无数。

占星术除了观测星空异常之外，还有一套阐释理论作为支撑。以天裂为例，按照占星之说，之所以会产生如此星象，主要在于宇宙天地间阳气不足、阴气过盛。天、君主都属阳气之类，而地、大臣则属阴气之类，故阳气不足、阴气太盛时就会发生天裂，意在暗喻君主势弱，故遭外戚或权臣所欺凌。在古人看来，天、地、人本来就是一个和谐的整体。阴阳二气是调节万事万物变化的气韵所在，倘若阴阳不和，必生异变。汉代遗存至今的“东宫苍龙”“南宫朱雀”“西宫白虎”“北宫玄武”等气势图，大抵说的就是这类神话故事。

星座文化在宋代的发展

古巴比伦产生十二星座之后，便将其记录在一部名为《当天神和恩利勒神》的泥板书之中。这一学说很快就传入古希腊，而后又传至天竺（今印度），并被佛教僧徒吸纳进佛经之中。隋朝初年，一位名叫那连提耶舍的印度高僧来中国传教。他带来了大量佛经，并亲自翻译成中文。在他所翻译的一部名为《大乘大方等日藏经》中，就记载了十二星座的学说。唐代以后，随着佛教在中原大地的广泛传播，星座文化很快被中国人所接受，并借用中国的神兽或神祇来加以诠释，从而促使其“中国化”。

宋代时，十二星宫的说法已广为传播。从现有文献记载和考古发掘出土文物中，我们不难发现，星座文化已成为中国占星文化中重要的组成部分。北宋太祖开宝五年（972）刊刻的《炽盛光佛顶大威德消灾吉祥陀罗尼经》，其经卷之首的插图就是一幅环状的十二星宫图。位于苏州盘门内的瑞光寺塔，就出土有北宋真宗景德二年（1005）刊刻的《大隋求陀罗尼经咒》，其经卷中就载有一幅十二星宫图。此外，河北宣化出土的辽代墓葬壁画中，还遗存有一幅十二星宫图。据考证，这座墓的主人为辽代汉族士绅张世卿，他卒于辽天庆六年（1116）。由此可知，北宋年间十二星宫图已广为流传，并成为宗教及墓葬文化的重要组成部分。

河北宣化张氏墓中的二十八宿及黄道十二星宫图

星座文化还走进了宋代百姓日常生活之中。北宋文士傅肱编纂有《蟹谱》一书，书中记述了大量有关螃蟹的典故，指出“十二星宫有巨蟹焉”。南宋文士陈元靓在其所撰写的一部家居日用百科全书《事林广记》的“天文类”中，提到了一张《十二宫分野所属图》，并将十二星宫与《禹贡》所载的十二州相搭配：宝瓶配青州，摩羯配扬州，射手配幽州，天蝎配豫州，天秤配兖州，处女配荆州，狮子配洛州，巨蟹配雍州，双子配益州，金牛配冀州，白羊配徐州，双鱼配并州。宋代诗人陈恕在《桂枝香》小词中吟诵过螃蟹，其词曰:“秦星夜映，楚霜秋足”，陈恕所说的“秦”，即为秦地雍州，借指螃蟹。

文人与星座的不解之缘

谈及宋代文人对星座文化的痴迷程度，就不得不提北宋大文豪苏轼。苏轼一生坎坷，才情极高，诗词厨艺俱佳，但在仕途上却一直不受重用。他因一篇《上神宗皇帝书》反对王安石变法，而招致变法派的挟私报复，污蔑其在扶父亲苏洵灵柩返乡时，偷贩私盐。面对这一诬名，苏轼选择缄默，后被贬谪至黄州（今湖北黄冈）为官。此后，他又因针砭时弊，再度被贬至岭南为官，甚至一度被捕入狱。面对坎坷的仕途，苏轼却始终怀有刚毅坚韧的性格，或许这与他对星座研究颇深有关。可以想见，苏轼本人早已从占星之中，测算出自己多舛的命运。苏轼曾不止一次地感慨，自己与唐代诗人韩愈一样都是摩羯座，可谓是同病相怜，命格不好，注定一生多谤誉。其在所著《东坡志林·命分》中就感叹道，“退之诗云：‘我生之辰，月宿直斗。’乃知退之磨蝎为身宫，而仆乃以磨蝎为命，平生多得谤誉，殆是同病也！”

若想揭开此中缘由，就不得不提及韩愈所写过的一首诗——《三星行》，诗中有言：“我生之辰，月宿南斗。牛奋其角，箕张其口。牛不见服箱，斗不挹酒浆。箕独有神灵，无时停簸扬。”大意说的是，韩愈出生之时，恰逢月在斗宿，因不见牵牛星守护，故一生注定颠簸坎坷。苏轼诵读了韩愈的《三星行》之后，念及自己星座与其相同，心中顿生悲戚之感。在宋人看来，摩羯座是个不吉祥的星座。南宋末年的政治家、素有“宋末三杰”之称的文天祥写有《赠余月心五首》《赠曾一轩》等几首赠答诗，诗中均提及摩羯宫，即“我有斗度限所经”。所谓“斗度”，指的就是斗宿之度，若是摩羯，命中似乎亦属摩羯宫。但文天祥的气度却迥异于众人，他虽对星命一类的宿命论颇有兴致，但毕竟“未来不必更臆度，我自存我谓之天”。在文天祥看来，星座之说只是假托自己现在的处境罢了，更重要的还是要依靠自己去主宰命运。南宋另一位政治家、素有“庐陵四忠”之一的周必大，也曾感伤自己是摩羯宫。他在一首赠友人诗中说：“亦知磨蝎直身宫，懒访星官与历翁。”但据学者考证，周必大并非摩羯座，而是宝瓶座。由此观之，宋人已将摩羯视为恶星，颇有一黑到底之意。

宋代文人为何对星座文化如此追捧呢？或许这与宋代文士身处的政治环境有关。隋唐之际，虽已开科取士，但门阀势力和身份贵贱仍大行其道，科举对社会阶层流动的影响远不及宋代以后深远。两宋之际则不然，朝廷以文治国，重文而抑武，文士直抒胸臆呐喊出“先天下之忧而忧，后天下之乐而乐”，这与其可通过寒窗苦读实现“朝为田舍郎，暮登天子堂”的无限憧憬有关。在宋代士子看来，出身门第不再是决定个人仕途命运的唯一评价标准，他们相信可以通过自己的奋斗和努力去改变命运。他们对未来既怀有无限憧憬，似乎又颇为感怀惆怅。在此背景下，个人命运与星命之术就结下了不解之缘，或许这也反映出那个时代的人们对自我价值的重视和冀望。

不仅是文士，就连君王也对星座之术颇为迷恋。据说南宋在位时间最长的一位君王——宋理宗赵昀，在荣登大宝之前，就请权臣史弥远为其找星术之士推算星命。因测算出有帝王之命，遂对史弥远颇为倚重。随着星座文化的普及与发展，底层百姓也效法君王和士绅，对星座之说颇为热衷，七月七拜魁星遂由此而来。清代学者俞樾作诗考证说：“宋代有轶事，流传自淳熙。魁星始临蜀，又向吴中移。及乎胪唱日，试卷帝亲披。甲乙忽互移，甲蜀乙吴儿。始叹太史言，占验不我欺。可知魁星重，自宋非今兹。”诗中说的就是发生在南宋淳熙年间以魁星喻指状元的故事。受此影响，民间百姓常以拜魁星祈求科场蟾宫折桂，子嗣平步青云。宋人对魁星敬之拜之，必建庙立祠以安之供之。供奉魁星之所，被称为魁星堂或魁星楼。直至现在，全国各地仍遗存有众多以魁星楼、魁星阁、魁星台为名的古建筑，它们大多建于文庙、乡学、书院周边，以供当地文士或心怀功名的百姓供奉祭拜。

值得一提的是，宋代的星座文化不仅在中原一带颇为流行，而且还

广东省佛山市雷岗公园中的魁星阁

远播日本、朝鲜等地。今天在日本京都教王护国寺内收藏的一幅佛教占星图像——《火罗图》，就是一张绘于日本北朝时期永和二年，即南宋乾道二年（1166）的佛教仿制摹本，其中就记载有星宫之名。在日本文化中，人们使用七曜来指代周期，并一直沿用至今。

古人如何拜年

春节有很多习俗，从年前的大扫除、放鞭炮、祭祀祖先到除夕夜的守岁与团聚，都是镌刻在每个人心中不可磨灭的春节的重要符号，拜年则是新年第一天最为重要的一项活动。古人的拜年习俗有哪些讲究呢？

拜年的起源

据记载，最早的拜年起源于大年三十人们因为担心年兽的袭扰而选择躲在家中，直到正月初一早上才开门互相拜访以恭贺新春并庆贺没

传说中的年兽

有被年兽吃掉。自古以来，拜年的习俗就分为两种：一种是向长辈叩岁的，叫拜年；另一种是平辈之间的相互道贺，称为贺年。据史料记载，早在南北朝时期，亲族之间便会在正月初一这一天互相祝贺。南朝梁宗懔在《荆楚岁时记》中记载："正月一日……长幼悉正衣冠，以次拜贺，进椒柏酒，饮桃汤，进屠苏酒"。意思是说在正月初一这一天，无论是长者还是晚辈都要整理衣服和帽子，晚辈要按次序向长者进椒柏酒和屠苏酒。从这段记载中可以清楚地了解南北朝时期亲族之间拜年的规矩。

宋代拜年开始使用"拜年帖"

社交性质的拜年兴起于唐代，兴盛于宋代。宋代，上层士大夫就有用名帖互相拜年的习俗。宋朝上层社会中，倘若坊邻亲朋太多，难以登门遍访，就遣仆人带名片去拜年，各家门前贴一红纸袋，上写"接幅"两字。宋人周辉在《清波杂志》中记载："宋元祐年间，新年贺节，往往使用佣仆持名刺代往。""名刺"就是现在贺年卡的起源。"名刺"用梅花笺纸裁成，二寸宽，三寸长，上面写有受贺人的姓名、住址和恭贺文字。仆人拿着主人的"名刺"代替主人拜年，一是士大夫交友广、关系多，若四处登门拜年，既耗时又费力；二是有些人关系一般，甚至有些芥蒂，所以就不亲自前往，免去了见面拜年的虚情和尴尬。

古人的"拜年帖"上通常都会写些什么呢？其实，古人的"拜年帖"上写的字并不会很多。唐贞观（627 ～ 649）年间，国泰民安，唐太宗在新年时大宴群臣，曾用赤金压制贺年卡，镌刻御书"普天同庆"作为赐赏，恭贺佳节。普通的文人墨客通常是在纸片上绘制一些象征吉祥的花卉、人物等图案，然后写上自己的姓名送给亲友，以此贺岁，一张贺年卡往往就是一帖精美的书法作品。南宋张世南在《游宦纪闻》中说，他家藏有北宋秦观、黄庭坚、张耒、晁补之等人给一个名叫常立的人送的"拜年帖"。

宋代的“拜年帖”只是流传于上层社会人物的一种拜年方式，直至明代，通过“拜年帖”拜年的方式才渐渐进入市井生活。明代杰出书画家、文学家文徵明曾在《拜年》诗中云：“不求见面惟通谒，名纸朝来满敝庐；我亦随人投数纸，世情嫌简不嫌虚。”可见当时贺卡起到了联络感情和互相拜年的作用，既方便又实用。明代的“拜年帖”已经从士大夫阶层走进普通人家，包装也更加精美繁复。比如有的“拜年帖”用红绫（一种红色丝织品）制成，上面撒赤金形成文字；有的“拜年帖”所用的材料是整幅织锦，上面的吉祥话语是预先织成的。

到了清代，帖子上不但要署名，还要用印，而且有了专门盛放“拜年帖”的拜匣。它是一种用料名贵的木盒，上面雕刻花纹，甚至还装饰着金银等物。匣子里除了放一张“拜年帖”外，通常还会放一些古玩珍品、金银珠宝，有的甚至直接放银票。

拜匣

清朝时开始“团拜”

大约从清朝时候起，拜年又添“团拜”的形式，清人艺兰主在《侧帽余谭》中说：“京师于岁首，例行团拜，以联年谊，以敦乡情。”大家欢聚一堂，拱手相拜，省去了到处奔走拜年的劳累。不过，在团拜之后，很多人仍要去上司处拜年，借机送上一份礼品。亦有志同道合的同僚，登门拜年，你来我往，把盏品茗，倾心交谈，吟诗作对。

古人拜年的仪式有哪些

拜年一般从家里开始。初一早晨，晚辈起床后，先向长辈拜年，祝福长辈健康长寿、万事如意。长辈受拜以后，则将事先准备好的压岁钱分给晚辈。在给家中长辈拜完年后，人们外出相遇时也彼此恭贺新年，互道“恭喜发财”“四季如意”“新年快乐”等吉祥的话语。家里拜年后，左右邻居或亲朋好友亦相互登门拜年或相邀饮酒娱乐。明代陆容在《菽园杂记》中说：“京师元旦日，上自朝官，下至庶人，往来交错道路者连日，谓之‘拜年’。”清代顾铁卿在《清嘉录》中描述：“男女以次拜家长毕，主者率卑幼出谒邻族戚友，或止遣子弟代贺，谓之‘拜年’。至有终岁不相接者，此时亦互相往拜于门……”由此可见，拜年是有序的，先拜家长，然后再拜邻居亲友；本人去不了的，还要派子弟前往代拜；有的有矛盾一年也不来往，这时也互相拜年，相逢一笑泯恩仇。

从仪式上看，拜年常见的方式有以下几种：

一是叩拜，即跪拜磕头，在一些农村地区，晚辈给长辈，尤其是未成年人给辈分较高的长辈拜年时，还行这种礼仪。

二是作揖，双手抱拳前举，抱拳时，男子用左手握右手，这叫“吉拜”；反之，右手握左手，则是“凶拜”。行礼时，拱手齐眉，上下加重摇动几下，重礼可作揖后鞠躬。这种礼仪一般是晚辈向长辈或下级向上级拜年时使用。

叩拜

过去人们见面拱手时，为什么一定要用左手扶抱右手

拱手时，一定是用左手扶抱右手，因为在古代，作揖礼有左手握右手为“吉拜”、相反则为“凶拜”的说法。这可能与古人的认识有关，他们习惯于用右手攻击他人，而左手抱住右手则为行礼者向对方表示友好。就见面礼的初衷而言，中国人创造的抱拳拱手礼与西方人伸手相握礼都是表示友好和尊敬之意，但有一种说法认为，抱拳拱手有与对方保持距离的内敛和封闭色彩，而伸手相握则有急于接近的张扬和进取因素。

三是鞠躬，现代通用礼仪，多用于晚辈对长辈、下级对上级拜年，亦可用于平辈间拜年，男女皆行。

四是万福，古代妇女礼仪的一种，右手覆左手，半握拳，附于右侧腰肋间，上下微晃数下，双膝微微下蹲，边行礼边口称万福。现已鲜有袭用。

五是抱拳拱手，这是中华民族特有的传统礼仪。抱拳，是以左手抱右手，自然抱合，松紧适度，拱手，自然于胸前微微晃动，不宜过烈、过高。这种礼仪多见于平辈间的拜年。

古人外出如何住宿

在古代，外出旅行住宿方便吗？服务好不好？住宿有什么规定？

中国最早的旅馆出现于何时

旅馆，在中国出现时间很早，一般认为，在上古商周时期就已出现。从《周礼》所记来看，早在周代时，中国的旅馆业已很发达。如周王规定，有国营招待所性质的“驿亭”，要求每10里有“庐”,“庐”即简易房舍；每30里要设“路室”，以供休息；每50里的市镇要设“候馆”,“候馆”即可以入住的招待所，设施和服务功能较全。现代流行的城市旅馆、家庭旅馆，在先秦时已出现，主要有“馆”“寓”“舍”等。这些旅馆档次和功能区别明显，以供不同身份的旅客入住。“馆”比较高级，用来接待贵宾，如“国宾馆”“诸侯馆”，这类旅馆都是官办的，当时的诸侯国一般都设有这样的高档宾馆，如鲁国有“重馆”、赵国有“陶丘之馆”、晋国有“箕馆”。“寓”“舍”这类旅馆主要为普通商旅服务，以民办居多,“逆旅”“客舍”都属于这一类。

古代住旅馆需要什么证件

在中国，旅馆不仅出现时间早，旅馆的管理也讲规范，不可以随便入住。如今入住旅馆要出示身份证和相应的证明文件，这在先秦时即已实施。

古代虽然没有现代身份证，但也有相当于身份证的信物。如果是官员、商人出差，或得到官方授权的外事活动，都会持有“符节”或“符券”，这种“符”“节”“券”等，都是早期入住旅馆的身份证明，这些相当于现代的“介绍信”。后来的“驿券”“信牌”也都属于旅行凭证，如果没有旅行凭证，是无法入住旅馆的，特别是国营旅馆根本不可能接待。不同的人办不同的事，要用不同的“介绍信”，即所谓的“节”。《周礼·地官》就此说得很清楚：“凡通达于天下者必有节。”意思是说要想走遍天下，必须有“介绍信”才可行，否则别想入住旅馆。

先秦时，商鞅变法中有一条规定：旅店接待客人要查验旅行凭证，否则店主连坐。商鞅出台的这一律令可以说是中国最早的旅店住宿制度，官办旅馆和民间客栈都得遵守这一规定。

从各朝的情况来看，元朝对旅馆的管理很严，要查验旅客身份证明，且有严格的住宿登记制度。摩洛哥旅行家拔图塔在其所著的《游

古代旅馆也有豪华套间

古代客房亦分出不同的档次，有“豪华间”“标间”“多人间”的区别。当然，在古代不是这样叫的，宋元时期，豪华间叫“头房”，明清时因为出差官员多住这样的上等客房，又称为“官房”；普通或较差的房间则叫“稍房”“陋室”；多人间则称为“通铺”“大铺”。一般来说，等级由高到低分为天号、地号、人号、通铺……

历中国记》中称：在中国住旅社，“天全黑时，管理官员及其书记来舍，将留舍客人逐一点名记簿，盖印后闭门，使客安睡。至次晨天明时，吏及书记复来，依名单唤客起，作一证书”。意大利旅行家马可·波罗在其《马可·波罗游记》中也有同样记载：“一切客栈和旅馆的老板，也同样将寄宿客人的姓名登记在一本簿子上，注明他来去的日期和时刻。”这种登记本还得备份，有统一格式，全国通用。这种旅客登记本，明朝时称为“店历”。《万历会典》里有这样的记载：“凡客店，每月置店历一扇，在内赴兵马司，在外赴有司，署押讫，逐日附写到店客商姓名人数、起程月日。月终，各赴所司查照。”

古代住旅馆会打折吗

古代旅馆也会给客人打折，甚至免费。有的朝代强行规定，官办旅馆在特定的时日要免收房费。如宋代，当时的官办旅馆便有免费入住日。《宋朝会要》记载，宋真宗大中祥符五年（1012）正月，朝廷便以“雪寒”为由，要求“应店宅务赁屋者，免僦钱三日”。所谓“僦钱”，也就是房费。即官办旅馆在雨雪天和“冬至”“寒食”等日子，应免收房费。此外，在疫病流行时，也有免房费的现象。《宋史·食货志》记载，宋仁宗时期，有一年京师发生大规模流行病，除了要求免费送医给药外，要求不论官办还是私营旅馆，一律免收房费10天，即“蠲公私僦舍钱十日”。

古人喜欢在庭院种哪些树

当春天到来，春暖花开，春天是赏花的时节，其实也是植树的季节。从古籍记载来看，槐、柳、榆和梧桐最受古人青睐。这些树木不仅很常见，且都非名贵树种，那为什么古人特别喜欢呢？原来它们都有特别的象征，都是古人眼里的吉祥树。

槐树在先秦时已被官方选为绿化树种

《周礼》规定："左九棘""右九棘""面三槐"。俗话说："门前有槐，升官发财。"虽然这是一种迷信说法，但古人为图个吉利，不论是官宦门第，还是普通人家，庭院附近总少不了槐树。从栽植历史来看，早在先秦时槐树已是被官方选定的绿化树种之一。据《周礼·秋官》"朝士"条，周王的庭院有"左九棘""右九棘""面三槐"的说法。意思是说，左右各栽植 9 棵棘树，南边栽植 3 棵槐树。

为何要栽 3 棵槐树？原来是方便太师、太傅、太保这"三公"上朝时找准自己的站位，即所谓"三公位焉"。先秦时的厚槐之风影响深远，明陈淏子《花镜·花木类考》"槐"条记载："人多庭前植之，一取其荫，一取三槐吉兆，期许子孙三公之意。"

槐树还是后世皇家宫苑内必植之树，故槐树又有“宫槐”的别称。此外，衙门、学校、街巷也都喜欢栽植槐树。西汉时，人们称政府机构为“槐衙”，称读书人聚集的会市为“槐市”，就是因为那里遍植槐树。

《艺文类聚》引《三辅黄图》记载:“(汉昭帝刘弗陵) 始元四年(公元前 90 年)，起明堂辟雍，为博士舍三十区，为会市，但列槐树数百行。”“槐市”又称“学市”，南北朝庾信的《奉和永丰殿下言志诗十首》中称:“绿槐垂学市，长杨映直庐。”直到唐代,“槐市”仍盛行。唐元稹《学生鼓琴判》中有这样的说法:“期青紫于通《经》，喜趋槐市;鼓丝桐之逸韵，叶畅薰风。”

在唐朝，应试举子落第了往往也不离开长安，通过夏课恶补学业。在槐树花开的时节，常常将新作投给相关主考官，以求荐拔。此即李淖《秦中岁时记》所谓:“进士下第，当年七月复献新文，求拔解，曰‘槐花黄，举子忙’。”

但槐树真正被赋予感情寄托是在明朝。明初，朝廷将山西人口大规模移往全国各地，出发地点即洪洞县一株大槐树，故民谚云“问我祖先

洪洞大槐树寻根祭祖园

何处来，山西洪洞大槐树”。槐树也从此成为中华民族“寻根文化”的符号。

柳树在东汉时被视为祛病消灾之神树

在中国原产树木中，柳树是阳春三月最夺风景的树木。“柳暗花明”“桃红柳绿”这类歌咏春天的词语中，总少不了“柳”。唐朝诗人贺知章的《咏柳》，浓缩了古人对柳树的全部喜爱之情：“碧玉妆成一树高，万条垂下绿丝绦。不知细叶谁裁出，二月春风似剪刀。”

柳树，又名“杨柳”，有垂柳、旱柳、杞柳等不同品种。不论哪一种柳，长得都很漂亮，《诗经·小雅》中的《采薇》诗称：“昔我往矣，杨柳依依。”

东汉时，佛教传入中国，柳树成为民间吉祥之物。佛教认为，柳枝充满神性，如南海观音的形象为一手托净水瓶，一手拿柳枝，为人间遍洒甘露，祛病消灾。古人迷信“柳可驱鬼”，故柳树又有“鬼怖木”的别称。南北朝时，民间已出现了门前插柳的风俗。北魏贾思勰《齐民要术》记载：“正月旦，取柳枝著户上，百鬼不入家。”

唐宋时，清明节“插柳”“折柳”“戴柳圈”的风俗已形成，皇家甚至将其当成一件大事来办。据唐段成式《酉阳杂俎》记载：“唐中宗三月三日，赐侍臣细柳圈，言带之可免虿毒。”南宋吴自牧《梦粱录》“清明节”条亦称：北宋京城汴京，“家家以柳插于门上，名曰‘明眼’”。

唐宋时期，歌咏描写柳树的诗文也最多，如“春城无处不飞花，寒食东风御柳斜”的咏柳名句，便出自唐韩翃的《寒食》诗。当时唐朝都城广植柳树，所以到暮春时节，长安城内外柳絮飞舞。

在北宋的都城汴京，柳树的数量也远远多于槐树。张择端所绘的《清明上河图》中，大大小小的树木约有 170 多棵，其中柳树占了大多数，堂前屋后，路旁水边，总少不了曼妙柳姿。

古代城市街头、河边遍植柳树（北宋张择端绘《清明上河图》局部）

柳树栽植很有讲究，如“前不栽桑，后不种柳”，具体的栽植位置又以庭院两侧为宜，以左为好，“东柳西桑，进益牛羊”。

榆树是古代最具救荒功能之树种

与槐树、柳树一样，榆树同样有悠久的历史，先秦时已广泛栽植。《诗经·唐风》中的《山有枢》诗里即提到榆树：“山有枢，隰有榆。”既没有槐的才干功名又无柳的姿态风流的榆树，之所以能赢得古人青睐，概因它是一种“活命树”。

榆树的皮、根、叶、花均可食用，荒年可以当粮吃，青黄不接的春荒之际，榆树的价值便显现出来。明李时珍《本草纲目》称：“荒岁，农人取皮为粉，食之当粮，不损人。”北宋嘉祐（1056 ～ 1063）年间，

“丰沛（今江苏徐州一带）人缺食多用之”，度过了灾荒。

明朱橚《救荒本草》记载了榆树“救饥”之法：“采肥嫩榆叶炸熟，水浸淘净，油盐调食。其榆钱煮糜羹食佳，令人多睡。或焯过晒干备用，或为酱皆可食。榆皮刮去其上，干燥邹涩者，取中间软嫩之皮锉碎晒干、炒焙极干捣磨为面，拌糠干草末蒸食，取其滑泽易食。”

《救荒本草》还特别提了一下：“又云榆皮与檀皮为末服之，令人不饥，根皮亦可晒干捣磨为面，作饼食之。”其实，先秦时人们已发现了榆树的救荒功能。《神农本草经》称，榆树皮“久服轻身不饥”，将其与“槐实”“枸杞”等同列为“上品”。

因为榆树有这些特殊用途，所以古时家家不忘栽上几棵榆树。东晋辞官归隐的陶渊明，在院中便栽植了榆树，他在《归园田居·其一》中说：“方宅十余亩，草屋八九间。榆柳荫后檐，桃李罗堂前。”

古人对榆树的名称也很在意。榆树的果实（种子）榆荚，俗称“榆钱儿”，明李时珍《本草纲目》“榆”条释称：“其木甚高大，未生叶时，枝条间先生榆荚，形状似钱而小，色白成串，俗呼榆钱。”“榆钱”谐音“余钱”，古人栽植榆树，也有讨口彩的意思，即所谓“阳宅背后栽榆树，铜钱串串必主富”。

当然，古人特别喜欢榆树还有别的原因。古人认为榆树可辟邪，有“宅后有榆，百鬼迁移”的迷信说法。明文震亨《长物志》则另有理解：“槐榆宜植门庭，极扉绿映，真如翠幄。”

梧桐在古代被视为“宜子孙”之祥树

明杨升庵《丹铅总录》释曰：“故世所以贵孙枝者，贵其实也。”梧桐，又名“青铜”，俗称“引凤树”，古代有“家有梧桐树，不愁没凤凰”的说法，所以古人喜欢在庭院中栽植梧桐。

古人往往将梧桐与竹子配合起来栽植，“前栽碧桐，后栽翠竹”。如果再养点菊花，到了秋天则别有景致。正如元朝词人侯善渊所写："一叶梧桐窗外落，金菊出疏篱。"

梧桐木是古人制琴的好材料，因为这个原因，梧桐平添了一份高贵与高雅。《后汉书·蔡邕传》记载："吴人有烧桐以爨者，邕闻火烈之声，知其良木，因请而裁为琴，果有美音，而其尾犹焦，故时人名曰'焦尾琴'。"琴的别称"焦桐"即由此而来。

先秦时，已有用梧桐木制琴的记载。《诗经·鄘风》中的《定之方中》诗，就有"椅桐梓漆，爰伐琴瑟"一说。汉魏时，人们用梧桐木制琴已很有经验，以生长在今鲁南峄阳山的梧桐为佳，有"峄阳孤桐"之称。

《风俗通义》中所谓"孙枝"，就是梧桐的枝干，为什么有这个叫法？《丹铅总录》是这样解释的："凡木，本实而末虚，惟桐反之。试取小枝削，皆坚实如蜡，而其本皆中虚空。故世所以贵孙枝者，贵其实也。"显然，梧桐被视为"宜子孙"的祥树，正是古人特别喜欢梧桐树的缘由。除了"孙枝"一说，古人喜欢梧桐还因为其枝条被称为"凤条"，这与"梧桐引凰"的传说有关："凤凰之性，非梧桐不栖。"

为何举行成人礼

中国人自古就重视成人这个问题，并习惯通过一套完整的礼仪活动，实现对成人身份的确认，这就是成年礼，古时称为冠礼。

上溯历史我们会发现，冠礼的历史非常早，而且文献中的相关记载也较为丰富。先秦礼仪文献《仪礼》中就有《士冠礼》篇，对冠礼的程序进行了明确记载；同时，另外一部礼仪文献《礼记》中还有专门的《冠义》篇，阐明了冠礼的文化内涵，足见当时社会对冠礼的重视程度。

隋唐时期，冠礼一度衰落。柳宗元说："古者重冠礼，将以责成人之道，是圣人所尤用心者也。数百年来，人不复行。"宋明时期，冠礼衰退的状况得到了明显改善，司马光、朱熹等人开始倡导恢复冠礼。在民间，冠礼与婚礼结合发展成为主流趋势。

清代，士大夫阶层的冠礼几乎消亡，只有民间还保留着"过十二岁""圆锁"等具有成年礼意义的习俗。现今，除了部分地区保留着成年礼习俗外，学校逐渐成为传承成年礼的重要地点。

在两千多年的发展过程中，冠礼经历了跌宕起伏，但是人们对冠礼的认知并未发生根本变化，那就是冠礼具有"责成人之道"的重要价值。隋代王通说"冠礼废，天下无成人矣"，意思是说如果不举行冠礼，就没有真正意义上的成人。那么，究竟怎样才算是成人？成人的标准有哪些？

首先，举行冠礼有一定的年龄限制。儒家认为，冠礼是成人的标志，成人必须具备一定的能力素养。人在不同年龄段的能力不同，需要学习的东西也不同：6 岁学习数目和四方之名；8 岁学习礼让、廉耻；9

岁学习朔望和六十甲子；10岁就要离开家庭，向老师学习文字和侍奉长者的礼仪；13岁开始学习音乐、诵读《诗经》；15岁时为“成童”，练习名为“象”的舞蹈，并且学习射箭和御车。这样，到了20岁，才有了充足的文化基础和能力，成为一个独立的社会人。《礼记·曲礼》中规定“男子二十，冠而字”，此时要为他举行成年礼。

其次，冠礼蕴含丰富。《礼记·冠义》较为集中地阐释了成人之道的具体内容：“成人之者，将责成人礼焉也。责成人礼焉者，将责为人子、为人弟、为人臣、为人少者之礼行焉。”先秦时期，通过“加冠”这种方式使之成为成人，然后要求他行成人之礼仪。行成人之礼仪，就是要求他以人子、人弟、人臣、晚辈的身份行礼做事，具有孝、悌、忠、顺的德行。因此古人认为冠礼非常重要，“冠者，礼之始也”。

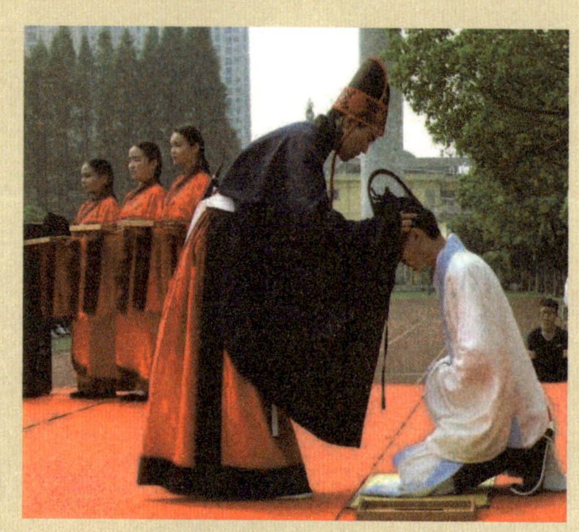

加冠

为了凸显内涵的不同，“三加冠”成为冠礼的核心仪式。《仪礼·士冠礼》中记载，三加冠，首加缁布冠。缁布冠本是一块黑色的布，是为了教育年轻人不要忘记祖辈创业艰辛。在三种冠中，缁布冠地位最低，代表治人的资格，给孩子戴上缁布冠，主要是希望他从此抛弃幼稚童心，谨慎地修养成人之德。仪式中还要念祝词，曰：“令月吉日，始加元服。弃尔幼志，顺尔成德。寿考惟祺，介尔景福。”

缁布冠之后，还要再加皮弁，祝曰：“吉月令辰，乃申尔服。敬尔威仪，淑慎尔德。眉寿万年，永受胡福。”皮弁是用白色鹿皮缝制的，与朝服配套使用，代表着武力、军事，希望加冠者从此以后保持成人的威仪而不懈怠，继续修养自己的德行。

第三次加冠是加爵弁，祝曰："以岁之正，以月之令，咸加尔服。兄弟具在，以成厥德。黄耇无疆，受天之庆。"爵通"雀"，在祭祀等重要场合佩戴。

经过缁布冠、皮弁、爵弁三次加冠，冠服也越来越尊贵，这都是嘉勉加冠者以后有所成就。《礼记·冠义》云："三加弥尊，加有成也。"三次加冠，逐次赋予加冠者新的身份和责任，希望加冠者在将来能够成为一个合格的成人。

另外，加冠之后还要命字。古时，出生时由父亲取名，举行冠礼时，再由正宾取一个表字。《礼记·冠义》说："已冠而字之，成人之道也。"在社会交往中，名与字使用的场合不同，只有长辈对晚辈或是尊者对卑者才能直呼其名，平辈之间、晚辈对长辈要称字，表示尊敬。

冠礼的意义，除了在仪式上通过三加冠、命字的方式赋予加冠者新的身份外，还要求他在以后的生活中注意自己的言行举止，做一个合格的社会人。《礼记·冠义》说："礼义之始，在于正容体，齐颜色，顺辞令。容体正，颜色齐，辞令顺，而后礼义备。以正君臣，亲父子，和长幼。君臣正，父子亲，长幼和，而后礼义立。"一个人只有注重自己的"容体""颜色""辞令"，才能真正理解"礼"的意义，才能正确处理好家庭关系和社会关系。

为何举行开学典礼

“玉不琢，不成器。人不学，不知道。”中国自古重视教育，古代教育十分发达，出现许多大家耳熟能详的书院，如湖南长沙岳麓书院、江西庐山白鹿洞书院、江西上饶鹅湖书院等。

岳麓书院

在古代，学校有很多不同的名字。按照国家礼制和学校规模大小的差异，先秦时期，分别叫作“塾”“庠”“序”“泮宫”“辟雍”等。汉代，最高一级学校叫作“太学”，下面分别叫作“东学”“西学”“南学”“北学”。再后来，“太学”改为“国子学”“国子寺”“国子监”。明清时期，学校一般叫作“书院”“书堂”“私塾”等。

古代的开学仪式

现今学校统一是秋季开学，但是古代学校的开学时间和现在不一样。秦汉时期，有的地方春季开学，有的地方秋季或者冬季开学。直到南北朝时期，学校的开学时间才相对统一，一般是在农历十月初冬时节开学。

作为学校教育的重要部分，新生的开学典礼受到人们的高度重视。《礼记·学记》中记载有古代大学（古代有小学、大学之分，大学以诗书礼乐为学习内容，小学则以文字训诂为学习内容）的开学仪式。大学的开学仪式是一场隆重的庆典活动。开学时，为了表示尊师重道，天子诸侯要派遣官员去参加庆典，并且要穿着白色的皮弁礼服参加，还要用水芹、水藻等物品隆重地祭奠先圣先师。同时，为了勉励学生好好读书学习，庆典过程中还要演奏《小雅》中的《鹿鸣》《四牡》《皇皇者华》三首乐章；然后敲鼓，召集学生进入教室，打开书箱，开始新的学习。

尊师重道“释奠礼”

古代大学开学典礼的重要环节是祭奠先圣先师，即释奠礼。在古代，人们把老师与天、地、君、亲并列敬仰，尊敬师长是人们必须遵守的纲常之一。《荀子·礼论篇》中说：“天地者，生之本也；先祖者，类之本也；君师者，治之本也……故礼，上事天，下事地，尊先祖，而隆君师，是礼之三本也。”韩愈在《师说》中也说：“古之学者必有师。师者，所以传道受业解惑也。”老师是知识、伦理道德和价值观念的传授者，是道德和学养的代表者，在社会上承担着“传道、授业、解惑”的责任，因此，新生入学的时候要祭祀先圣先师。为了表示对老师的

山东曲阜孔庙

尊重，古人还尊称老师为“夫子”“先生”“恩师”和“西席”等，从这些称谓中也可以看出中华民族尊师重道的传统。

释奠礼中祭祀的先圣先师原本包含很多人，后来逐渐演变为祭祀孔子一人。祭祀孔子时，也要一并祭祀“四配”“十二哲”，这些人很多都是孔子优秀的学生，还有儒学的弘扬者，比如宋代朱熹。举行释奠礼的时候还要演奏古朴的雅乐。从隋朝开始，每个王朝都会为释奠礼制定专门的音乐。隋朝的乐曲名为“诚夏”，这个名字来源于《尚书·大禹谟》中的“至诚感神”，意思是诚心能感动神灵。后来，历代王朝还有“宣和之乐”“凝安九成之乐”“宣圣乐章”“中和韶乐”等。民国时，颁布了新的释奠礼乐章，共六章六奏，即迎神奏始和、初献奏雍和、亚献奏熙和、终献奏渊和、彻馔奏昌和、送神奏德和。和音乐相配合的是舞蹈，释奠礼中表演的舞蹈叫作佾舞，有六佾舞和八佾舞之分。

现在，高校开学时也要举行开学典礼，新生们聚集在一起，聆听校长、教师代表、学生代表等人的训导，接受开学教育，但是并不举行传统的释奠礼。传统的释奠礼中的一部分要素被一些小学开学典礼继承了下来。《三字经》中说“凡训蒙，须讲究”，作为教育的重要组成部分，中国古代拥有较为发达的童蒙教育，出现了《弟子规》《三字经》等蒙学著作，但是并未形成特定的小学开学典礼。

破蒙启智“开笔礼”

今天我们经常能看到很多带有传统要素的小学开学典礼，这些小学开学典礼通常称作开笔礼。开笔礼包括正衣冠、朱砂启智、击鼓明志、启蒙描红、拜孔子等环节。从这些环节看，主要是对古代大学开学典礼的继承与发展。开笔礼又称作“开书礼”“破蒙礼”“发蒙礼”等，意味着儿童开始读书写字，正式进入学习阶段。

开笔礼的第一步是正衣冠。“先正衣冠，后明事理。”古人非常重视仪容，认为人要穿戴整齐、仪态端正，才能知书达礼、明白事理。

之后还有朱砂启智，又称“朱砂开智”“朱砂点痣”。朱砂是红色的，红色在中国人心中是吉祥的颜色，“痣”跟“智”同音，用红色的朱砂点痣就是希望孩子们从此眼明心亮、一点就通，多读书，读好书，做好人。

击鼓明志是对古礼的继承，《礼记》中说大学开学时，学生在听到学校的鼓声后打开自己的书箱，取出自己的学习用具。而在现代开笔礼中，击鼓明志主要是让孩童们通过击鼓，表达自己的志向。

有些地方还有启蒙描红的仪式。古人认为，从一个人写的字中能看出他的品德修养。心正则字正，心不正则字不正。所以古人写字之前要焚香、沐浴、更衣，心态平和，缓缓落笔。

拜孔子是对古代释奠礼的继承。

从礼仪形式上看，以上这些礼仪既是对古代大学开学礼仪的借鉴和继承，同时也体现了时代创新。

一场隆重的开学典礼，既是学校开启新一轮学生教育的标志，也是孩童们开启新的人生旅程的标志。从富含中国传统教育理念的开学礼仪中可以看出，学校教育不仅强调学习知识的重要性，同时也强调培养良好品行的重要性。老师们要通过“传道、授业、解惑”，为孩子们未来的全面成长夯实根基。

过年给“压岁钱”的习俗

在古代过年的“钱年俗”中，“压岁钱”是最重要的一种。压岁钱又写作“押岁钱”，还有“拜钱”“岁钱”“新年岁”“分岁钱”“守岁钱”等多种叫法。古人是这样定义的：在过年时“赠小儿钱，曰压岁钱”。

这种概念的“压岁钱”，也是最为流行的说法。压岁钱的产生与古人对钱币功能的崇拜有直接关系。古人认为，凡钱都有“厌胜”功能，能避邪趋吉，保健康平安，压岁钱最初就是“厌胜”。

清代富察敦崇在《燕京岁时记》“压岁钱”条中称：“以彩绳穿钱，编作龙形，置于床脚，谓之‘压岁钱’。”这个说法，反映的就是“压岁钱”的本义。在同一词条中，富察敦崇又称：“尊长之赐小儿者，亦谓之‘压岁钱’。”

如何给小孩子压岁钱？通行的是小孩子给长辈磕头拜年后，长辈就会递过准备好的压岁钱。其实，清代最讲究的是将钱用红线串起来，放在孩子睡觉的房间。据清蔡云《吴歈百绝》记载：“除夜将睡，以钱置小儿女枕边，名‘压岁钱’。”

古人的压岁钱一般给多少？肯定不是现在的“多多益善”，但也非“意思一下”就行。压岁钱包含着长辈对孩子的祈望，所以准备压岁钱时都要讨个吉利，多“以百为数”，即压岁钱一般一百文，既不多给也不少给，取“长命百岁”之意，故民间又称压岁钱为“百岁钱”。

古代钱币

“百岁钱”风俗在民国时仍很流行，民国二十六年《衢县志》记载：过年时，“尊长选大钱数十枚分赐孙子，曰‘压岁’。多至百文为度，亦曰‘百岁钱’。置之卧所，是为‘压岁’”。浙江绍兴周作人，在其《儿童杂事诗》中曾回忆了小时候在故乡得压岁钱的情形：“昨夜新收压岁钱，板方一百压枕边。”

压岁钱的由来的另一种说法

压岁钱，源于“压胜钱”，它起源于西汉，至清末民初都有铸造并不在市面上流通，钱币正面一般铸有“万岁千秋”“去殃除凶”等吉祥话和龙凤、龟蛇、双鱼等吉祥图案。压胜钱是汉族民间一种用作吉利品或辟邪物的古钱币，作为小孩子佩戴的饰物，最初的本义主要是压邪禳灾和喜庆祈福两大类。“压胜钱”也作为洗儿钱（婴儿满月洗浴，赐给孩子的钱），后来演变为春节的“压岁钱”。

过年为何要“挂门钱”

过年时流行的“钱年俗”还有“挂门钱”，这种“年俗”有些地方至今尚存。门钱，顾名思义是挂在门上的钱，又称“黄钱”“红钱”，在民间它是“喜钱”，但并不是真的流通货币，乃五色纸钱。南宋周密在《武林旧事》中“岁晚节物”条记载了当时的年俗：“至除夕，则比屋以五色纸钱、酒、果，以迎送六神于门。”挂门钱风俗是为了迎接门神，到后来挂门钱又被赋予抵御“疫神”的作用，成了避灾驱疫的需要，与门挂桃符是同一原理。

因为放置手法的不同，挂门钱又叫“贴门钱”。清乾隆《石首县志》记载：当地大年三十，“贴五采门神与桃符，并挂纸钱于门壁”。

古代做生意的人家尤其重视挂门钱，将所贴的纸钱称为“利市钱”。清光绪《曲江县志》记载：当在“除夕馈年，换新春联，贴门神、利市钱”。在挂门钱风俗基础上，还衍生出挂“散钱”——把钱挂（贴）钱到家中器具上，以图吉利。清光绪《沔阳州志》记载：当地过年时，“家中器物均散挂钱纸，曰‘散钱’”。

古代“摇钱树”长什么样

摇钱树，简称“钱树”，是民间传说中的一种神树，古人希望钱能生钱，像树上结果子一样挂满枝头，稍微摇摇就会落下金钱来。然而，摇钱树的最初出现并非吉祥物，而是当随葬的冥器来使用的，之后“摇钱树”的概念被移植到过年风俗中。

北京过去就有岁末挂“摇钱树”以祈年的风俗，那时家家都会准备“摇钱树”，其制作方法在《燕京岁时记》里有记载：“取松柏枝之大者，插于瓶中，缀以古钱、元宝、石榴花等谓之摇钱树。”在南方，过年也流行挂“摇钱树”，与门钱一样，挂在门上，以求新年金钱多多。

摇钱树制作起来并不难，但对普通人家来说还是挺费事的。于是以“摇钱树”为主题的年画应俗而生，“摇钱树”主题的年画成为旧时最受民间欢迎的年画品种之一，即老话所说的，“有钱没钱，买张画过年”。

摇钱树的起源

摇钱树为何兴起并盛行于汉代，这是有一定原因的。汉武帝时期，社会稳定，经济繁荣，朝廷成功地铸造和发行了五铢钱，且保持了该币币值的稳定。王莽上台以后，推行币制改革，杂用布、帛、金、粟等为币，一些人开始偷偷造钱，引起了货币制度的极大混乱。许多人骤然增加了对于财富的强烈向往，甚至出现了对货币的崇拜。东汉中叶之后，宗教（如佛教、道教等）的活动四处蔓延，都有了一定市场。反映到求财祈福或祭礼方面，摇钱树就成了流行的宗教物品和祭品。东汉建武十六年（公元40年），朝廷重新铸造五铢钱，又恢复了这种货币往昔的信誉，人们便把它移植到摇钱树上。唐宋以后，摇钱树上的铜钱变为小型金银元宝，作为厅堂的饰品，也变为比较单一的祭品。直到民国时期，在送葬的队伍中，仍可以看到用金银纸做成的摇钱树，虽然它的造型和图案与古代相比有了某些变化，但人们赋予它的期望还是一样的。

何家山2号崖墓出土的摇钱树

在中国版刻年画中，不论哪一个画派都少不了“摇钱树”主题。如河南朱仙镇年画《贵富长久》，刻画的就是明初土豪、苏州人沈万三和夫人在观赏聚宝盆里摇钱树的情形。古人迷信，光有摇钱树不行，还得有聚宝盆将财聚住，因此在有摇钱树的年画上，大都能找到聚宝盆。

陕西年画《文武财神献宝》

古人用什么洗衣服

随着文明的发展，现代人的各种生活用品非常丰富，洗衣服可以用洗衣粉，洗餐具可以用洗洁精，只要是污渍，都有各种洗涤用品能够帮助除去，非常方便。我们知道，这些都是现代工业合成的生活用品，在古代并没有这些东西，那么古人用什么洗衣服呢？难道就是用木棍敲打一下吗？事实并非你想得那样。

早期洗衣是力气活

人类很早就发现衣服可以通过清水的洗涤重新变得干净起来。已知的有关洗衣的最早记录出现在埃及古墓的壁画上，时间大约在公元前2000年。有一幅壁画上刻画了一群男人弯腰洗衣的情景：两个人在用力搓洗，两个人在折叠，另外两个人在使劲拧干。那个时代，人们凭借一双手，利用河水的冲刷动力还有棍棒的击打力来洗衣物，可以看出那时候洗衣是一件十分费时、费力的体力劳动。

中国最早的肥皂——春秋战国时期的“钾肥皂”

中国古代劳动人民很早就发现了草木灰可以用作洗涤剂。《礼记·内则篇》说：“冠带垢，和灰清漱。”意思是系帽子的带子脏了，就和着草木灰洗。这是因为草木灰中的碳酸钾能去除油污。早在春秋战国时期，当时的人们就能够制造并使用“钾肥皂”了。根据成书于春秋时期的古籍《周礼·考工记》记载，古人会用草木灰的纯天然混合“洗衣粉”来清洗衣物。《考工记》中提道：“湅帛，以栏为灰，渥淳其帛，实诸泽器，淫之以蜃。”蜃，就是贝壳灰。贝壳的成分里含有氢氧化钙，氢氧化钙能和草木灰中的碳酸钾发生化学反应，产生氢氧化钾，而氢氧化钾能够和丝织品表面上的油污产生化学反应，这样一来能将衣物等丝织品洗得非常干净。

到了秦朝的时候，人们使用生产更为方便的“灰水”来洗衣服。这个“灰水”就是用草木灰泡水之后制成的，草木灰中含有碳酸钾的成分，在现代工业中也是很重要的原材料，主要用于制肥皂、印染等。

魏晋南北朝时期发明出皂角、澡豆

到了魏晋时期，古人开始用皂角和澡豆来洗衣物。皂角是皂荚的果实，果实中含有皂苷，皂苷在水中能产生大量的泡沫，有很强的去垢能力，因此被民间用来作洗涤剂。《神农本草经》与《新修本草》中皆有皂角记载，并指出其去垢的性能。皂角算是纯天然的了，很多人应该见过。将皂角摘下来，剥去外面硬硬的壳，可以看见里面有一层软软的外壳包裹，把这层外壳去掉就可以拿来洗衣服了。

澡豆一词，大约是在魏晋南北朝时期流行起来的。这个时期，正是中国历史上的“香料大发现”时代，各种西方的、南方的香料到达中原，让贵族生活面貌一新。澡豆的最大特点就是豆面等天然去污原料与珍贵香料混合到一起，能够散发出优雅的香气。这样一种卫生用品的产生，显然与两汉以来外来香料贸易的繁盛有关。

皂角

唐代开始有“胰皂”

到了唐代，人们利用猪的胰腺制成了一种能够清洗衣物的“胰皂”。将猪的胰腺取出后，剥除附着在胰腺上的脂肪，将干净的猪胰腺洗净后捣碎，加入砂糖、纯碱和少量的黄豆粉，再加清水制成泥状物，搓成丸，放在太阳下晒干，胰皂便制作成功了。其在唐代是上至官吏贵族，下至平民百姓的日常生活必备之品，家家都会配制。

胰皂

古人为何用“捣衣”方式洗衣服

中国古代劳动人民洗衣多使用捣衣杵，又称捣衣砧，木质，形状和棒球棒相似，长约30厘米，靠捣衣杵打衣服时的力量，用水把污垢带出来。因此中国古代洗衣服被称为“捣衣”。早在晋代，曹毗的《夜听捣衣》就有捣衣记录。到了唐朝，关于“捣衣”的描述广泛出现于文人骚客的诗句中，如李白《捣衣篇》：“晓吹员管随落花，夜捣戎衣向明月。”又《子夜吴歌》之三：“长安一片月，万户捣衣声。秋风吹不尽，总是玉关情。何日平胡虏，良人罢远征？”因为捣衣是缝制寒衣的前奏，那秋夜里清脆的砧声最能触动思妇的情怀，所以“捣衣”成了诗人吟咏的主题。据说捣衣杵是住在水边的人们为洗衣方便发明的，而居住在离水较远地方的人们发明了搓衣板。

捣衣杵

洗衣机的发明受大海航行的启示

在大航海时代，人们在大海上航行，可能一走就是几个月甚至几年。由于是在大海上，水当然是现成的，人们就将脏衣服用绳子系起来，直接扔到大海里，然后随着船的行走，海水的搅动，就把衣服洗干净了。也正是受到这样的启发，1910 年，美国的费希尔在芝加哥试制成功世界上第一台电动洗衣机，这也是人类家务劳动正式自动化的开端。

熨斗是何时发明的

据史书记载，熨斗最早起源于商朝时期，那个时候的熨斗其实是作为一种刑具被发明出来的，它专门用来熨烫犯人的皮肤。到了汉朝之后，人们发现熨斗可以让衣服变得更加平整，所以熨斗的主要功能就慢慢地变成了熨烫衣服，并且流行到了明清时期。古时候的熨斗并不叫作熨斗，而且每个朝代对于熨斗的称呼都不一样。汉朝时期的熨斗叫作“威斗”,“威斗”在当时已经成为家庭中比较常用的用具了。唐朝时期又把熨斗叫作“金斗”。“金斗”则是采用了一种很繁杂的鎏金工艺精制而成的熨斗，是富贵人家才能够用得起的，而不像平常的民间用品那般随意。因为熨斗看起来就像一口没有手柄的平底锅，在熨衣之前，要先把烧得通红的木炭放在熨斗里面，等到熨斗的底部被热得烫手了之后再用来熨衣服，所以，宋代人们也将熨斗叫作“火斗”。到了明代，人们又把熨斗称为“焦斗”。

古代人爱吃什么肉

在很早的时候，中国人就懂得驯养“马牛羊猪狗鸡”六畜获得肉食，但不同的肉食在食物系统中有着不同的地位。在古代，猪肉并不像现在这样普遍。在很长的历史阶段，汉人都是以牛羊肉为“高大上”的肉类，吃牛肉、吃羊肉是士大夫阶层的专利。

古代牛羊肉是“高大上”食物

说到古人吃肉，还要追溯到先秦时期，那时候人们地位不同，饭菜肉类也极不相同，吃什么肉能代表这个人的身份的尊贵。据史书记载：“天子食太牢，牛羊豕三牲俱全，诸侯食牛，卿食羊，大夫食豕，士食鱼炙，庶人食菜。”可以看出，只有天子才能随便吃牛羊猪肉，诸侯能吃牛肉，卿大夫能吃羊肉，大夫可以吃猪肉，而有些地位的男人可以吃鱼肉，平常百姓只能吃点野菜之类的。

在古人的饮食习惯中，牛羊肉毫无疑问是最贵族化的肉食，《礼记·王制》也说：“诸侯无故不杀牛，大夫无故不杀羊，士无故不杀犬豕，庶人无故不食珍。”从排名上看，牛羊在猪之上。为何在先秦时期的肉食排名中会有这样的区分？这是因为吃肉与肉食的珍贵程度有关，牛在农耕时代是重要的生产资料，农耕时代如果没有牛犁地的话，人早就饿死了。在许多朝代都不许私自宰杀牛，就如《礼记》所说，连诸侯没什么重要的事都不轻易杀牛。正所谓“物以稀为贵”，牛肉自然就在当时的肉食排行榜中名列前茅了。

这种从先秦时期就养成的饮食习惯，一直深深地影响着后世。汉朝立法对牛保护，如果杀了牛，是要偿命的。而到魏晋南北朝，皇帝也颁布法律严禁杀牛，如果杀牛，百姓就要受到严重的惩罚，甚至丢掉性命。到了隋唐时期，仍沿用了魏晋南北朝的惯例，也严禁杀牛，也是以羊肉为主要肉食，其他肉类为次要肉食。当时的羊肉可以说是高官富豪聚餐的压轴菜了，鸡、鸭、猪、鹿等只能算是辅助菜系。到了宋朝时，由于对牛肉的禁食，羊肉在这个时期成为皇家士大夫的主要肉食。宋朝吃羊肉一开始是从皇家流行开来的。宋真宗时御厨每天要宰350只羊。正所谓上行下效，所以从官员到民间，羊肉就成为当时人们餐桌上的头等肉食。而猪，之所以地位这么低，是因为猪一点也不挑食，好养活。作为贵族们，谁也不愿意去碰。

羊肉

明清时期，猪肉开始逐渐流行起来

真正让猪肉沾上点贵族气的还是苏东坡。他在杭州任职时，因为治理西湖，要解决民工的吃饭问题，所以创造性地发明了“小火慢炖”的方块肥肉，这种以姜、葱、红糖、料酒、酱油等做成的猪肉菜肴，被命名为“东坡肉”。

东坡肉

汉人的地盘以羊肉为贵，但到了北方辽金却正好相反，猪肉成了“高大上”。宋朝的使节出使辽金，北人用最好的猪肉款待使者。猪肉在辽金，是“非大宴不设”。为何猪肉在同一时代南北地区有着如此悬殊的待遇？究其原因无非就是“物以稀为贵”：辽金猪少，以猪肉为贵；大宋羊少，自以羊肉为美。于是在互市的时候双方就互通有无，辽金出口肥羊，换取宋朝的猪，双方都挺高兴。

《明宫史》记载，在皇家过年的食谱中就有烧猪肉、猪灌肠、猪臂肉、猪肉包子等，说明此时的猪肉已经能够登上大雅之堂了。不过在民间，猪肉的盛行程度仍旧不及牛羊肉。

到了清朝，猪肉终于实现逆转，成为汉族最主要的肉食。在美食家袁枚的《随园食单》中，就已经将猪单独列为《特牲单》进行叙述，其中与猪肉相关的菜肴就有43道；而牛羊肉则归为《杂牲单》，“牛、羊、鹿三牲，非南人家常时有之之物，然制法不可不知，作《杂牲单》”。

虽说猪肉在饮食习惯上已经成功逆转，但依旧无法撼动牛羊肉的高贵地位。

生鱼片不是日本人发明的

一提起生鱼片，估计不少人都认为是日本发明的。其实生鱼片起源于中国，是地地道道的中国菜，有着悠久的历史，后传至日本、朝鲜半岛等地。中国古代典籍对生鱼片的记载可上溯到2800年前。生鱼片古称鱼脍，是以新鲜的鱼贝类生切成片，蘸调味料食用的食物的总称。孔子曰：“食不厌精，脍不厌细。”这里面的“脍”，就是生鱼片的意思。相信大家都听说过“脍炙人口”这个成语。早在周朝就有吃生鱼片的记载，曾出土的青铜器“兮甲盘”铭文记载：周宣王五年，周师于彭衙迎击猃狁，凯旋而归。大将尹吉甫私宴张仲及其他友人，主菜是烧甲鱼加生鲤鱼片。

食脍之风在隋唐发展到了顶峰，也正是在这个时期，鱼脍正式传到日本，变成了刺身。杜甫的诗“无声细下飞碎雪，有骨已剁觜春葱”，说的就是做鱼脍的场景。《膳夫经手录》里记载：“脍莫先于鲫鱼，鳊、鲂、鲷、鲈次之。”可见当时鲫鱼是做鱼脍最好的材料。唐人为了做鱼脍还研发了专门的刀具，段成式的《酉阳杂俎》里记载唐玄宗还曾赐给安禄山鲫鱼和专做鱼脍的刀具。

生鱼片

在古人看来，鱼肉是很鲜的，为了保证鱼的鲜味，就只有生吃，而且古时候科技不发达，烹饪技术没办法和现在相比，所以那时候很流行吃生食。后来这种吃法就传到了日本，日本人很喜欢这种吃法，一直到现在，但是中国人却不吃了。这是因为生鱼片里面可能有寄生虫，我们国家吃的多是淡水鱼，相比起海鱼，更容易感染寄生虫，所以为了身体健康，中国人就慢慢地不吃生鱼片了。日本人吃的生鱼片是海鱼做成的，感染寄生虫的概率相对来说比较低。

汉朝以前老百姓吃鸡是件奢侈事

要想吃鸡，第一条件肯定是首先要有鸡。家鸡究竟起源于何时何地？世界各地说法并不一致，传统说法认为，家鸡约 4000 年前起源于印度。考古专家对位于河北省武安市磁山古遗址内发现的鸡骨研究鉴定后，将世界家鸡驯养史提前到 8000 年前，或许这里才是家鸡起源地。在发明原始的计时方法以前，鸡是报时的工具。而在周朝早年，鸡也是一种珍贵的祭品。

鸡

春秋时代，平民里只有老人才能吃得起鸡肉。《孟子·尽心上》说：“五母鸡，二母彘，无失其时，老者足以无失肉矣。”

到了秦汉时期，吃鸡对于平民来说仍是一件难得的事，只能在重大节日才能吃鸡。即使考虑自己养鸡或拿粮食换鸡，吃鸡也是一件不太容易的事。在汉代，如果想吃鸡，那么去当兵是很好的选择。汉朝非常重视军队的伙食，汉朝军队会免费供给士卒各种食物，其中就包括了鸡肉。此后，随着生产力和养鸡技术的发展，鸡越来越成为农家必养的家禽，家中有鸡说明农家粮食丰足。唐朝的孟浩然有“古人具鸡黍，邀我至田家”、宋朝的陆游有“莫笑农家腊酒浑，丰年留客足鸡豚”，他们都用诗歌赞美了农家的丰足，表明以鸡肉待客是中国人交往的一个重要环节，吃鸡是标准的中国农庄式待客之道。可见在唐朝和宋朝，吃鸡已经是普遍而轻松的事了。

中国人吃鸭历史源远流长

中国人养鸭吃肉的历史悠久，6世纪时，北魏贾思勰所著《齐民要术·养鹅鸭》中总结：“供厨者，子鹅百日以外，子鸭六七十日，佳。”说的是做菜最好用六七十天大的嫩鸭，当时的主要做法是“炙”，也就是烧烤，可以整只烤，也可以切碎、切块烤，南朝人写的《食珍录》也提到南方同样流行“炙鸭”。

北宋时候鸭食品很多，首都开封的饭馆中售卖鹅鸭排蒸荔枝腰子、入炉细项莲花鸭、签鹅鸭、燠鸭、煎鸭子等菜品，南宋首都杭州餐馆中的鸭菜更多，烤鸭已经是“食市”中的常见品种。当然，吃鸭子最多、

烤鸭

方法最多的还是明、清时期的江南地区，明代吏部左侍郎顾起元所著《客座赘语》中提到南京特产之一是用特制料汁腌渍然后烤制的板鸭，有以此出名的专门店铺。清代的《金陵物产风土志》记载金陵当时有生卖的“水晶鸭”，烤制的“烤鸭”，煮熟的“酱鸭”，腌制的“盐水鸭”等，八月桂花飘香时节鸭子最为肥美，此时制作的盐水鸭被传会带有桂花的香气，故美其名曰“桂花鸭”。

15 世纪明成祖从南京迁都北京，随行的江南官员、富户也把吃烤鸭的爱好带到北京。明朝嘉靖（1522 ～ 1566）年间有人在北京开烤鸭店，沿袭的还是南方的焖炉烤制法，故称“南炉鸭”。“全聚德”的创始人杨全仁 1864 年开设全聚德后，把焖炉改为挂炉，烤制的方法、口味、吃法有了新花样，传承下来让烤鸭也变成了北京特产了。

古人怎么吃南瓜

南瓜源自美洲大陆，自 16 世纪初期传入中国以来，它在大江南北的种植和利用已经有 500 多年的历史，中国也已成为当今世界上最大的南瓜生产国、消费国和出口国。南瓜果实形状或长圆，或扁圆，或如葫芦状；果皮色泽或绿，或墨绿，或红黄，品名繁多。作为中国重要的菜粮兼用作物，传统的南瓜加工利用方式、方法多种多样，体现出中华饮食文化的精彩。

南瓜

煮食作羹

在南瓜传入之初，较早从东南海路引种南瓜的是浙江省。田艺蘅《留青日札》指出“今有五色红瓜，尚名曰番瓜，但可烹食，非西瓜种也”，可见国人在南瓜传入不久就发现南瓜不可生食，但可烹食。

明代李时珍《本草纲目》始将南瓜收入菜部，并载：“其肉厚色黄，不可生食，惟去皮、瓤沦，味如山药。同猪肉煮食更良，亦可蜜煎。”可见煮食应是南瓜最早也是最基本的食用方式。

比《本草纲目》成书稍晚的《群芳谱》记载，南瓜“煮熟食，味面而腻；亦可和肉作羹……不可生食”，也是南瓜的基本食用方法，不过不仅限于煮食了，“亦可和肉作羹”。类似记载在方志中沿袭较多，农书中也多有转引。也有用南瓜单独做羹的记载，清同治（1862～1874）年间《荣昌县志》说南瓜“堪作菜羹”，光绪（1875～1908）年间《岫岩州乡土志》中记载，倭瓜“味甘性寒，可作羹茹”。

蒸食

清人高士奇《北墅抱瓮录》说，南瓜愈老愈佳，适宜用苏轼煮黄州猪肉的方法，“少水缓火，蒸令极熟，味甘腻，且极香”，意思是用小火将老南瓜蒸得烂熟，味道极其香美，这不单是为了果腹，更多的是一种生活享受，较早地诠释了南瓜烹饪文化。光绪年间《彰明县乡土志》载“南瓜，和猪肉食补中益气，土人切片晒干和肉蒸食，味甚佳”，是将南瓜切片晒干后和肉蒸食。事实上，蒸食今天依然是烹饪南瓜的主要方法之一。

南瓜盅

乾隆三十年（1765）之前成书的《调鼎集》载“南瓜瓤肉，拣圆小瓜去皮挖空，入碎肉、蘑菇、冬笋、酱油，蒸”，就是把小圆南瓜的瓤和籽掏掉，给里面装上碎肉和其他蔬菜，蒸熟食用，开创了一种新的南瓜食用方式，是今天南瓜盅的雏形。

南瓜盅

南瓜圆（团）

清末薛宝辰《素食说略》是一本素食谱，其中记载了南瓜圆和其他几种南瓜烹饪方法，“倭瓜圆，去皮瓤，蒸烂，揉碎，加姜、盐、粉面作丸子……入猛火油锅炸之，搭芡起锅，甚甘美”。“倭瓜圆”也就是我们今天说的南瓜丸子。书中还说，把南瓜切成细丝，加入香油、酱油、糖、醋烹炒，也特别可口；把老南瓜去皮切块，用油炒过，加入酱油煨熟味道也很好。

类似南瓜丸子的食用方式在方志中有更多体现。光绪年间《周庄镇志》中记载：“南瓜，可和米粉作团。”这种“南瓜团”是我们前文提到的南瓜丸子的简化版。同治年间《湖州府志》记载的加工方式已经是一般人家的极限：“可煮可炒或和米粉作饵曰番瓜圆子，或和麦面油煤曰番瓜田鸡。”

蜜　渍

王士雄《随息居饮食谱》中记载：“蒸食味同番薯，既可代粮救荒，亦可和粉作饼饵，蜜渍充果食。”这里还提到了将南瓜蜜渍，可作水果点心、餐后甜点，今天南瓜在大型宴会多用于此，足登大雅之堂。

拌海鲜

袁枚《随园食单》中记载：“将蟹剥壳，取肉、取黄，仍置壳中，放五六只在生鸡蛋上蒸之，上桌时完然一蟹，惟去爪脚，比炒蟹粉觉有新色，杨兰坡明府，以南瓜肉拌蟹，颇奇。”夏曾传《随园食单补证》中记载：“南瓜青者嫩，老则甜，以荤油、虾米炒食为佳，蒸食以老为妙。”分别介绍了南瓜拌蟹、南瓜和虾米一同炒食，足见南瓜可与海鲜一起搭配食用，具有视觉冲击的同时别有一番滋味。

“素火腿”

王学权《重庆堂随笔》中记载：“昔在闽中，闻有素火腿者。云食之补土生金，滋津益血……及索阅之，乃大南瓜一枚。蒸食之，切开成片，俨与兰熏无异，而味尤鲜美……因急叩其法，乃于九、十月间收绝大南瓜，须极老经霜者，摘下，就蒂开一窍，去瓤及子，以极好酱油灌入令满，将原蒂盖上封好，以草绳悬避雨户檐下，次年四、五月取出蒸食。”书中大篇幅介绍了以南瓜为主料的“素火腿”的来源、特点、制作工艺等，可知南瓜味美与可塑性强，经过一定的加工，可与著名的金华火腿——兰熏相媲美，也是一奇。

南瓜子

南瓜子是非常流行的零食，对其记载非常之多。徐珂《清稗类钞》中记载：“南瓜，煮熟可食，子亦为食品。”南瓜子是重要流通商品，在台湾，王石鹏《台湾三字经》特产介绍中有“蒟酱姜，番瓜子，及龙眼，枇杷李”之说。《红楼复梦》《宦海钟》《二十年目睹之怪现状》等文学作品中也均有提及，南瓜子流行程度可见一斑。

南瓜子

虽然南瓜子煮食也可食用，但炒食更佳，炒食逐渐成为唯一的加工方式，与西瓜子、葵花子三分天下。

南瓜糕（饼）

同治年间《上海县志札记》中记载："饭瓜，乡人藏至冬杪和粉制糕名万年高。"随着人们对南瓜认识的深入，南瓜糕被赋名"万年高"，具有步步高升的文化意向。光绪年间《诸暨县志》中记载："村人取夏南瓜之老者熟食之，或和米粉制饼名曰南瓜饼"，可见在今天非常普遍的特色食品南瓜饼的名称源于光绪年间。当然，南瓜饼的类似产物早在康熙年间《杭州府志》中就有记载，"南瓜，野人取以作饭，亦可和麦作饼"，《诸暨县志》是第一次定名。嘉庆二十三年（1818）成书的食谱《养小录》中记载的"假山查饼"，其实就是南瓜饼的雏形："老南瓜去皮去瓤切片，和水煮极烂，剁匀煎浓，乌梅汤加入，又煎浓，红花汤加入，急剁趁湿加白面少许，入白糖盛瓷盆内，冷切片与查饼无二。"

南瓜饼

南瓜粥

光绪年间《崞县志》中记载："倭瓜，煮粥佳，独食亦可"，也就是我们今天常见的南瓜粥。南瓜还可和其他作物一同作粥。光绪年间《遵化通志》中记载："熟食味面而甘，可切块和粟米黍米江豆炊饭作粥……子可炒熟荐茶。”宣统（1909～1911）年间《文水县乡土志》中记载：“南瓜亦称倭瓜，有长圆扁圆二形，宜和小米作粥，瓜子仁炒食。”历史上最早对南瓜粥的记载是清中期诗人汪学金的诗作：“番瓜粥，是物尝关岁，丰来挂蔓疏，命悭无过我，年有莫忘渠，佐饭终停箸，为糜得省蔬，俗言能发病，病岂有饥如。”

在中国最早的一部药粥专著《粥谱》一书中，南瓜占有一席之地，位列 247 个粥方之一，由此也可看出南瓜粥作为药膳的价值。

南瓜脯

道光（1821～1850）年间《宣平县志》还介绍了南瓜脯：“不可生食，烹味如山药，同猪肉煮更良，亦可蜜煎蒸熟晒干，谓之金瓜脯。”

南瓜脯是南瓜在蜜煎蒸熟后晒干的自然形态，增加了南瓜的保存时间。

南瓜其他部分

南瓜全身无废物，老果、嫩果、叶柄、嫩梢、花、种子均可供人食用，并且食用方式多样。《齐民四术》指出南瓜“以叶作菹，去筋净乃妙”，利用南瓜叶作为食料。《邳志补》中记载：“深秋晚瓜青嫩，切为丝片灰拌阴干俗曰瓜笋，嫩茎去皮瀹为菹俗曰富贵菜，茎老练以织屦及缫作丝为绦纠等物”，可见南瓜茎的妙用——嫩茎被称为富贵菜，老茎可

炒南瓜花

以作为植物纤维纺织。清末何刚德《抚郡农产考略》中记载:“花叶均可食，食花宜去其心与须，乡民恒取两花套为一卷其上瓣，泡以开水盐渍之……以代干菜，叶则和苋菜煮食之，南瓜味甜而腻可代饭可和肉作羹”，南瓜花亦可食用。

总之，南瓜全身是宝，除果实以外的其他部分经过一定的处理，味道更佳。

救荒

我们最后阐述南瓜的救荒作用，是因为这是南瓜在传统社会最重要的作用，或许救荒用的南瓜没有讲究烹饪方式，作为粮食储备的南瓜救荒、备荒绝对是平民百姓最常见的日用方式。南瓜栽培容易、产量很高，含有较多的淀粉和蛋白质，味道甘美，便于运输，耐贮藏，其救荒作用格外引人注目。在“凶岁乡间无收”的时候，南瓜可谓救荒佳品。这个时候南瓜不是以瓜菜的身份加工、利用，而是单独作为粮食食用。自清代以来，对南瓜加工、利用的介绍中首先都会提到“代粮救荒”，其次才是其他利用方式。

南瓜与传统作物相比，在明清时期可以说是全新的作物，以京畿地区为例，大概是在16世纪中期传入。成书于1578年的《本草纲目》已经对南瓜的食用有了较全面的认识。入清以来，对南瓜食用的总结更是在全国范围如雨后春笋般接连诞生，形成了一整套食用体系，速度之快、利用之全面，让人叹为观止。

个中原因，固然因为南瓜推广、普及速度较快，引起了人们的重视；更为重要的就是中国古代劳动人民的伟大智慧，对南瓜的各种特性详加观察，充分发挥创造性思维，并充分实验，善于总结，才造就了如此丰富的南瓜食用技术和方式。明清南瓜加工、利用的基本成就和技术经验，即使在今天看来，仍有借鉴意义，成为中国宝贵的农业遗产的一部分。

古人如何点灯

自从发现了“钻木取火”这个大自然的奥秘，人类便结束了黑暗史。但是在 1879 年爱迪生发明电灯之前的千百年，中国古人又是怎样照明的呢？

古代百姓点油灯

点灯点的是何物？说起中国古代的照明工具，第一个想到的就是油灯。《楚辞》中有“兰膏明烛，华容备些”之句，说明战国时代就有油灯。当时油灯的燃料是动物油脂，原材料有限，注定只能为少数人享用。奢侈一些的，还可以在油脂中加入香料，燃烧时伴有袅袅清香，遮住油脂燃烧散发出的难闻气味儿。后来发展到植物油脂，这虽比动物油脂资源多，使用人群扩大了，但仍然普及不到普通民众，穷人就更别奢望了。就像匡衡、车胤、孙康这些好学却穷得点不起灯的人，只能靠各种奇葩办法来照明，为自己换取夜里读书时间，如匡衡“凿壁偷光”蹭邻家灯火；车胤用纱布做口袋捕捉萤火虫来聚光照明；孙康借雪的反光来读书。

普通百姓点灯燃不起动物油脂，用的是植物做的灯芯，取材较为广泛。汉代以前是点柴禾照明。到了汉代，灯芯大都是麻秸等硬纤维。《齐民要术》里提到过“苴麻子”是“捣治作烛”的材料。古代名著《儒林外史》中的明代吝啬鬼严监生临死都不忘提醒家人：灯里点的是

宋代陶瓷省油灯

两茎灯草，太浪费啦！可见到了明代还是燃灯草芯。

为了节省照明费，老百姓开始追求“省油灯”。这种灯出现在宋代，原理很简单，就是在灯盏里放水，灯燃烧时产生的热量会通过灯体传递到水中，水受热蒸发，从而将热量带走，灯盏的温度和灯油蒸发的速率也因此降低，以此达到省油的目的。

“灯”字的由来

古人用什么器皿来盛放灯油和灯芯呢？人们找来找去，一种名叫“豆”的器皿脱颖而出。“豆”本是用来装食物的，外形类似高脚盘子。“豆”的造型，完全符合人们对灯具的基本需求——既有能装油和灯芯的容器，又有方便移动的把手。于是，人们就在“豆”的基础上稍加修改，用陶土烧制出了最初的高脚灯具。从字形上，我们也能看出灯与“豆”的关系。在繁体字“燈”中，右边的“登”指的就是豆（古人将陶制的豆称为“登”）。最早且最为普遍的燃油灯，当为豆形灯。“豆”本为上古时代的一种盛食器，其上为圆盏盘，中间为或长或短的直柄，最下为喇叭形或圆足形底座。陶制的“豆”从新石器时代开始，就是流行器物，其上部盏盘原用于盛放肉羹一类的吃食，后来换之以灯油，配以灯芯，就成为一盏照明的灯。

错银云纹豆形灯

古代点灯用的火折子能够一吹即燃

看过古装剧的人都知道，古代点灯用的是“火折子”，每次看到他们把火折子拿出来一吹就能燃起火焰，这究竟是什么原理呢？火折子其实跟我们现在的打火机的作用相似。它是用纸卷起来的一个小纸筒，在制作的时候要卷得十分紧密，然后用火把纸筒点燃后再吹灭，最后用盖子盖起来。这个时候一定注意得留些缝隙，这样才能够保证被吹灭的纸筒上面还留着一些火星，就是因为这些火星才能够使火折子很容易再次燃烧起来，仅仅吹一口气而已。当然这种火折子是平常人家都能够用得起的东西。

火折子

古人点油灯如何防止油烟

长信宫灯

以动物油脂作为燃料，最大的困扰恐怕就是油烟了。古人总不可能给每盏灯都加装一个抽油烟机，不过，办法总是有的。

古人的办法是，在灯上加一个管道，将油烟引入装水的容器中。油烟溶入水中之后，就不会四处乱跑。大名鼎鼎的长信宫灯，用的就是这种方法。那个造型精美的宫人，其实就是装水的容器，提灯的右手则是油烟行走的管道。

除了管住油烟，类似长信宫灯这样的“保洁灯”还有一个值得称道的设计。它们的灯装在一个可以转动、留有开口的灯罩里。这样一来，既能挡住风，又能通过调节开口来控制灯光照射的角度，一举多得。

这么方便的火折子，究竟是什么原理呢？用我们现代的话来说就是复燃，将已经在燃烧的东西与空气隔绝开来，就能够达到那种不燃也不灭的状态，再次遇到空气的时候就会复燃起来，其中最重要的也就是隔绝空气，我们现代很多实验都会用到这种原理。

古人点蜡烛比油灯更贵

实际上，中国人使用蜡烛的历史可以追溯到汉代时期。当时的蜡烛跟今天不太一样，今天的蜡烛由石蜡制成，是石油工业的产物，纯度高，燃烧稳定且价格便宜。古代的蜡烛原料是蜂蜡和动物油脂混合而成，燃烧不稳定，烟味特别重，还会散发出难闻的气味。

到唐代时，蜡烛仍是贵族高官才使用的奢侈品，一般平民可消费不起。因此，燃烛也是唐朝人炫富的一种方式，如“杨国忠每家宴，使每婢执一烛，四行立，呼为烛围”。到了宋代，蜡烛才成为普通的商品，开始进入一般士庶家庭。

宋代蜡烛携带、使用都方便，燃烧时间较长，亮度大于油灯。北宋开初的“烛影斧声”之谜中就有蜡烛的身影。这时的蜡烛是白蜡做的，取自蜡虫的分泌物，而且是中国特产，所以被称为“中国蜡”。白蜡的优点是可塑性强，又有一定硬度。蜡烛可以做得长长的，中间有烛芯。成亲时点的那种细长“花烛”可以让洞房充满情趣。那么宋代的蜡烛价钱几何呢？宋史学者程民生教授的《宋代物价研究》收录了一则关于蜡烛的价格信息：据《宋会要辑稿》，宋神宗熙宁（1068 ～ 1077）年间，朝廷给予官员的奠仪包括“秉烛每条四百文，常料烛每条一百五十文”，可知宋代每根蜡烛的价格为 150 ～ 400 文不等，相当于一名城市下层平民两三天的收入。不过，宫廷的蜡烛制作豪华，用料精细，无疑偏贵。坊间民用蜡烛的价钱应当不会这么高。普通大众使用的是 20 文一根的蜡烛，用白桦树皮裹着蜡油做的。

不过，点蜡烛的成本还是高于点油灯，一名南宋读书人“每夜提瓶沽油四五文，藏于青布褙袖中归，燃灯读书”，彻夜点灯，也才耗油四五文钱。而通宵点烛，少说要 3 ～ 5 根蜡烛，即需要支出 50 ～ 90 文钱，是油灯成本的 10 ～ 20 倍。

因此，北宋名臣寇准好奢华，家中不点灯，专点烛，便被欧阳修视为“可以为戒”的不良生活作风。

古人如何改善光照范围

在生活中，古人发现将油灯放高些，能增加光照的范围。于是，人们开始有意识地在“高”上面想办法。

最简单的办法，自然是加高灯架，比如连枝灯。

连枝灯，就是长得像树枝一样的灯架，一般放在地上，类似今天的落地灯。连枝灯的中间是一根长杆，顶端放置一盏主灯；主杆周围又伸出若干分支，分别放置一盏小灯。这种设计，不但让灯变高，还能增加照明的强度，可谓一箭双雕。

东汉人形铜吊灯

不仅有“落地灯”，古人还发明出吊灯。现藏于湖南省博物馆的东汉人形铜吊灯就是其中的佼佼者。

东汉人形铜吊灯由灯盘、捧灯铜人和可脱卸悬链 3 个部分组成。捧灯铜人可是内有乾坤。它其实是一个中空的储油箱。点灯之后，灯盘中用动物油脂制成的烛膏开始熔化，由此产生的多余的灯油会流入铜人体内，而不是满溢出来。铜人的肚子上还有一扇小门，专门用来释放多余的油脂。是不是既好看又实用呢？

古人如何对付蚊子

现代对付蚊虫的方法很多，且很先进，但在古代，卫生条件没有现代好，科技手段落后，蚊虫对人类威胁更大。因此，人们会更积极地采取各种对付蚊虫的手段。那么古人是怎么驱蚊虫？现代驱逐蚊虫最常用的手段之一是烧蚊香，古人会这么做吗？

从史料记载来看，古人对付蚊子也会烧蚊香，不过说法不一样，古人称之为“熏”。熏，即俗话所说的“烟熏火燎”，这是古人夏天对付蚊虫最早也最流行的方法，也最有效。从《周礼》记载来看，先秦周朝王室就是用这种方法，书中“翦氏”条:“翦氏掌除蠹物，以攻禜攻之。以莽草熏之，凡庶蛊之事。”翦氏就是负责给周王室驱虫的，其工作方法有两种：一是祈祷神灵驱虫害，一是点燃莽草熏虫。前一种借神力驱虫，这当然是迷信，但祈祷神灵时如果燃香，客观上会有一种驱虫作用，这也是庙堂不生蚊虫的原因。而后一种“熏之”，便是古人最常用的对付蚊虫的方法。

用“熏”的手段来驱蚊虫，又叫“熏香”。熏在先秦时使用很广，包括室内环境消毒、祛味、衣物增香都会“熏一下”，甚至连老鼠这样大的动物都可以用熏的手段将之驱逐。如《诗经·豳风》中那首《七月》诗便称:“穹窒熏鼠，塞向墐户。”

从考古发现来看，5000 年前已有专门熏香用具，在辽西牛河梁遗址上，便曾出土了一只灰陶熏炉。到战国时，熏香用具不仅器型漂亮，焚熏的原理也更科学。

1965年从江苏涟水县三里墩西汉墓中出土的“银鹰座带盖玉琮”，是一件战国时期玉琮造型的熏炉，将玉琮加盖、加座，中置铜内胆，便成了一件高档的“玉琮熏炉”。此熏炉现收藏于南京博物院，出土时器内尚有烟熏残迹，应该是墓主生前熏香实用器。

秦汉及以后，从民间到贵族家庭都开始熏香。现在文物市场上常见的“博山炉”，便是这一时期出现的，当然可不仅仅是用来熏蚊子。博山炉是一种高级熏炉，又称“博山香炉”“博山香熏”“博山熏炉”，因器型像传说中的海上仙山——“博山”而得名。

博山炉在当时确实很先进，在今天也不落后，不只熏蚊子、焚香，还可为空气加湿，增加香气的持久性。这种当年古人日常熏香用具，如今身价飙升，有的精品价值连城，最典型的是从满城汉墓中挖出的一只错金博山熏炉，已成博物馆镇馆之宝。

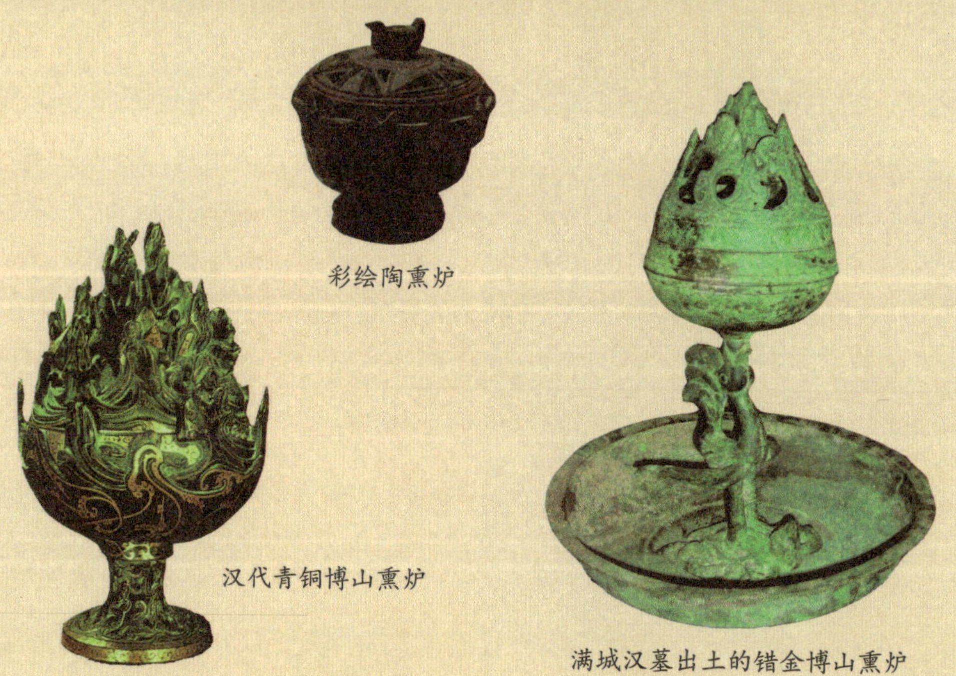

彩绘陶熏炉

汉代青铜博山熏炉

满城汉墓出土的错金博山熏炉

古代的助丧礼俗
——赙赠

给逝者发放抚恤金，是国家对因公或因功逝世人员进行抚慰的一种重要方式。在古代，朝廷往往通过发放钱财的形式对皇亲国戚、三公九卿以及前方战死的将士给予抚慰，谓之“赙赠”。中国人自古就有“事死如事生”之说，人们对助丧礼俗格外注重。尤其是君王，为了昭示皇恩，大多利用赙赠这一助丧礼俗，以发挥体恤下情的功效。

赙赠，又名“赠賵”“赙賵”“赙襚”等，指的是朝廷或个人给予钱财，以帮助或抚恤丧家。赙赠的形式有很多种，如赙钱、赙绢、赙帛、赙谷等。据记载，以赙赠为代表的助丧礼俗肇起于三代，当时的人们认为先祖去世后其灵魂是永生不灭的，并能够保佑氏族昌盛繁荣。为了得到祖先的庇佑，人们在埋葬逝者时，会在墓穴内放置数量丰厚的陪葬品。

青铜器是重要的赙赠之物

西周时，等级制度森严，诸侯王在生活待遇方面颇受礼制束缚。对于诸侯王而言，赙赠礼俗是一种笼络人心、凝聚家族力量的重要手段。据记载，西周时期的赙赠物品，依据名目可以分为“襚”“赠”“賵”

“含”四类，其中“襚”指的是吊丧者馈送给逝者的衣物，“赠”指的是吊丧者馈送给逝者及其家属的财物，“赗”指的是吊丧者馈送给丧家的车马，“含”指的是吊丧者馈送给逝者的玉含。

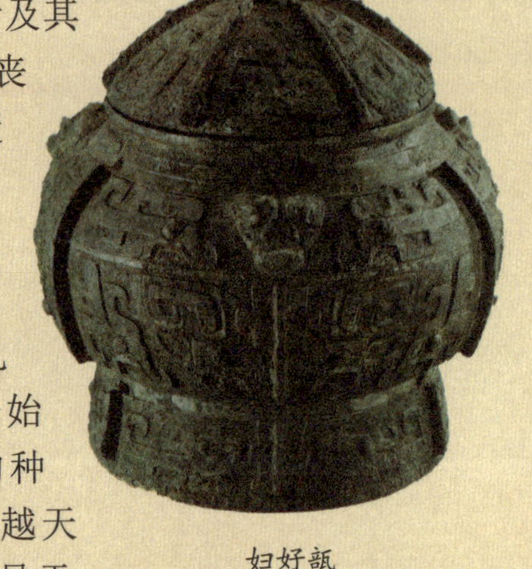

妇好瓿

春秋战国之际，随着周王室的衰微，各诸侯国之间的兼并战争不断，原有的社会等级秩序发生变化，赙赠礼俗逐渐失去了原有的意涵。诸侯王开始僭越森严、繁缛的周礼，赙赠物品的种类和数量也愈加丰裕。特别是诸侯僭越天子礼仪的现象屡见不鲜，他们已不满足于“襚”“赠”“赗”“含”等赙赠物品，开始将“鼎”“樽”“瓿”等青铜礼器列入赙赠物品的名册之中。

薄葬之风下的赙赠易俗

西汉时，朝廷遵从礼制，规定三公九卿、藩王列侯逝世时，国家按例应赏赐大量的钱财以助丧事。汉代的赙赠礼俗分为官赙和私赙两大类，赏赐的物品除了金、银或铜钱，还囊括布、绢、麻、粟（谷）等。官赙，又名“法赙”，即汉代诸侯王、公卿、大臣等逝世后，由国家赏赐大量财货，以助丧事。此外，赙赠礼俗还延展至民间，即人们常说的私赙。私赙指的是普通百姓去世后，吊唁者送给丧家助葬的钱财。西汉时，朝廷对诸侯及各级官吏所得的赙赠数额进行了明确的规定。随着外戚干政和宦官擅权，西汉末年厚葬之风日炽，并一直延续至东汉时期。由于上层阶级崇尚厚葬，赙赠礼俗的形式与内容也发生了巨大的变化，不仅官赙的人群和范围不断扩大，赙赠的物品也愈发奢华。

魏晋南北朝时期，国家政局日益动荡，常年战乱使朝廷的财政状况每况愈下，政府已无力大规模实施赙赠。曹操与曹丕父子就力倡节俭，薄葬风气十分流行，民间的赙赠之风也趋于衰退。东晋以后，朝廷对有功之臣，大多采取赠官赐谥的赙赠方式，如追赠官职、追封爵位、赐给谥号等，此法沿袭后世。南朝时，随着佛教的盛行，赙赠之风渐起，其范围已扩展至僧侣，尤其是皇家寺院的高级僧侣。北魏和南梁两代，凡皇家寺院或名气较大的寺院住持圆寂，朝廷都施以赙赠，其物品包括袈裟、钱布等。

多样化的赙赠礼俗

隋唐时期，中国的社会经济进入鼎盛时期，赙赠礼俗也随之兴盛起来。为了更加规范赙赠礼俗，唐玄宗颁布《开元七年令》和《开元二十五年令》，对赙赠的形式、范围等进行了严格的规定。遵照规定，官员赙赠以职事官品秩为依据进行发放，即“准品给赙”的发放原则。赙赠的范围也更加多元化，不仅皇族、外戚、文武百官可以获得国家的赙赠，宦官、阵亡将士、寺庙僧侣以及少数民族首领等均列入赙赠的范围。此外，朝廷还规定，对于那些品秩较高、功勋卓著之人，其赙赠之例应就高而不就低，所有物品皆由朝廷的府库拨付，一直拨付到服丧期满为止。除了朝廷的赙赠之外，还增加了皇帝的赙赠，皇帝为了笼络朝臣，也可以从大内府库中拨付财物给臣僚。

宋代的赙赠礼俗是在继承唐代赙赠礼俗上发展起来的。宋代赙赠礼俗的受众范围更加广泛，不仅包括皇室宗亲、文武官员、将官士兵、少数民族首领，还包括官员家属、名仕等特定人群。在官赙方面，宋廷主要以抚恤逝去的皇亲国戚或大臣为主。宋太祖赵匡胤素以“文”治国，特别善用赙赠的方式笼络亲信。宋真宗以后，宋廷对皇室宗亲的待遇颇为优渥，赙赠的数量及范围持续扩增。景德四年（1007），宋真宗制定了《赙赠条例》，赙赠渐成常例。宋仁宗时期，随着皇室宗亲人数激增，出现了庞大的宗室开支，改革赙赠礼俗迫在眉睫。宋神宗时期，王安石主持“熙宁变法”，对赙赠礼俗进行了大刀阔斧的改革。北宋末年，随着国家财政日绌，朝廷不得不开源节流，以减轻负担。南宋初期社会动荡、财政匮乏，宋高宗于绍兴六年（1136）采纳臣僚的建议，暂停发放所有臣僚、宗室的赙赠，待边疆稳定、战事平息之后恢复发放，这道诏令使皇室宗亲更加无力支付昂贵的丧葬费用，导致宗室“多是临时假贷”。

宋代周边政权林立，因此对周边少数民族首领的赙赠也是朝廷开展外交的重要策略。虽然宋廷与各政权之间的战争时有发生，但政治、经济交流仍频繁进行，尤其是在和平相处时期，宋廷的赙赠成为维系关系的重要手段。除了少数民族首领之外，朝廷也对镇守边疆地区的将士及亲属等施以赙赠，以显恩德。

除了官赙之外，民间私赙也颇为流行。北宋时期，民间已开始流行在丧祭之时以焚烧纸钱或纸扎来代替实物。司马光在《书仪·赙襚》中坦言，宋人多以送纸钱助丧，倘若生前物品皆以真物焚烬，何益于丧家？于是，人们多以纸钱、纸扎作为赙襚之物。此后，这一习俗渐成惯例，并传袭后世。

清末时期葬礼上的纸扎人

私赙的盛行与消亡

明清时期，赙赠礼俗犹存，且广泛流行于民间，明清小说之中就不乏赙赠的描写片段。清代文人吴敬梓在《儒林外史》第二十六回“鲍廷玺丧父娶妻”中写道：鲍廷玺的父亲鲍文卿过世后，其父生前好友向道台就给予鲍廷玺一百两银子，作为丧家赙赠之物。

值得一提的是，民间对于赙赠的数量也颇为讲究，规定凡吊唁之人所带赙赠物品的数量应为“单数”，而丧家在赙赠回礼时须用“双数”。就官赙而言，清代汉族官员的官赙与明代基本相同，大体沿袭《明会典》所载。满族官员受汉人习俗影响，也十分流行赙赠礼俗，只是在赙赠的物品方面保有本民族的丧俗，如赙赠纸扎的鹰、狗或其他东北地区常见的猎物等。直至宣统元年（1909），礼部才将满汉官员的赙赠之物划归统一，消除了赙赠之别。

清王朝覆灭，官赙随之消亡，私赙则一直延续至民国时期。1920年3月，北京大学数学研究所教员龚文凯在家中病逝。龚文凯家世寒素，且有母亲及妻女需要赡养。担任北大校长的蔡元培不仅自己捐出薪资以助丧礼，还撰有“为龚文凯征募赙赠启事”一文，倡议北大教职工为龚文凯募捐助丧。20世纪30年代，上海商务印书馆将发放“赙赠金”作为职工福利的一种写入“待遇同人章程”之中，规定“在职满一年以上而死亡者，给付赙赠金一次支付”，其支付标准按在职时所实得薪水的百分之十支付。商务印书馆的这一做法，很快被上海其他公私单位所效仿。

随着时代的变化，私赙早已不存，但民间助丧的习俗却亘古未变，一直延续至今。

古代没有户口意味着什么

中国是较早开展户口清查并建立户籍管理制度的国家之一。户籍制度是国家治理体系中的重要组成部分，尽管户籍制度仅占国家统治版图中的一小块，但有着足以撼动整个“大楼”的重要性。国家只有全面、精确掌握了人口数量、分布情况、职业状况等，才能制定出符合实际的国家政策。

先秦时期，“春秋五霸”之一的齐桓公任用管仲为相，在齐国进行大刀阔斧的改革。在众多改革事项中，户籍制度的改革尤为重要。

为了加强对地方的管理，管仲将都城里分为21乡，其中工占6乡，士占15乡；都城外分为5属，属下设县，县下设乡，乡下设卒，卒下设邑，邑下是家，并要求家家之间“行同和”“死同哀”。此外，管仲还要求衙门对户籍内农民每月领取多少口粮，掌握技能的男女人数，以及鳏夫、寡妇、流民等都一一详细记录在案。

战国时期，诸侯纷争，群雄逐鹿，中国社会进入了历史上十分重要的大变革时期，封建生产关系逐步取代奴隶制生产关系，整个国家的政治格局发生了根本性变化。这一时期，户籍主要分为两类：一类是普通平民的户籍，一类是特殊阶层的户籍。在特殊阶层的户籍中，又可细分为两类，一是特权阶级的户籍，包括宗室籍、宦官籍等；另一类则是底层的贱籍，包括赘婿之籍、刑徒之籍等。

商鞅在秦国实施变法时，就对秦国的户籍制度进行了重大改革。按照规定，凡秦国之民，不论男女老幼均要登记户口。出生时要做出生登记，死亡时则要注销户口。秦国境内的平民如若迁往他处，也需去官府登记。倘若伪造或隐瞒登记事项，则要罚两副盔甲。不久，商鞅又在秦国极力推行什伍连坐制，这一制度就是建立在严格的户籍管理制度之上的。

不仅如此，秦国的军功爵制度和名田制度也都与户籍制度密不可分。在秦国，没有户口就意味着“一无所有”，而且这个“一无所有”可谓是彻底的“一无所有”。因为按照秦国的律法，凡未被登记在册的户籍人口，皆被视为脱籍亡户者，也就意味着丧失了秦国人所应具有的一切权益。

有户口才算是“国人”

秦统一六国之后，在郡县制的基础上建立了更为稳定的户籍管理制度。当时，官府废除了分封制，并在各郡县设立郡守，专司民事，要求“十户为一里，十里为一亭，十亭为一乡，若干乡为一县”，使全国的人口像编席织麻一样组织起来，继而建立了从基层到中央的系统性户籍登记管理制度。

秦末，刘邦起兵攻入秦都咸阳时，谋士萧何既不贪财，也不抢夺美女，而是星夜驰往秦丞相府（和）御史府，派兵悉数清点全国的户籍、地形、法令等图书档案，然后分门别类、登记造册，以待日后查用。萧何此举为刘邦掌控天下粮源、兵源以及各处关隘要塞奠定了坚实的基础，从而为刘邦战胜项羽、一统天下提供了重要保障。

汉代在改良秦代户籍制度的基础上，创设了“编户齐民”之法，言下之意就是将汉朝统治疆域内的人口，除世家贵族和奴婢外，全部编入统一的户籍之中。据《汉书·地理》记载，西汉末年共有居民1223.3万户，人口多达5559.4万人。此外，汉代还编纂有《户律》，并就户口登记、户籍保管、立户原则和田宅分割与财产继承等事项逐一详载于案，对后世户籍制度的管理产生了深远影响。西汉时就规定，每年八月，无论男女老幼，都要到官府接受户口登记，方可视其为“国人”。

东汉末年，群雄争霸，天下大乱，统一的户籍制度也随之分崩离析。

户籍脱漏最严重的朝代

三国至魏晋南北朝时期是中国历史上户籍脱漏最为严重的时期。一方面，中央政府日益羸弱，无暇对全国户籍人口进行普查和登记；另一方面，长期的攻伐与征战，使各地军阀将人口视为个人财产，借以征兵征粮，致使百姓大多隐匿人口实情。

西晋统一全国时，政府开始重新登记人口，并确立了“黄籍”制度。所谓黄籍，指的就是正式户籍。《晋书》记载：“郡国诸户口黄籍，籍皆用一尺二寸札，已在官役者载名。”“札”即木牍，又名“黄籍”，即用黄色染料处理过的木牍，以防虫蛀。此后，人们又流行用黄纸替代木牍，也就是用黄檗处理过的纸，以驱避蠹虫。

西晋末年，五胡乱华，天下大乱，不少士家大族及百姓纷纷“衣冠南渡”，于是在东晋初年又出现了“白籍”之法。缘于北方士家大族和流民不断南迁，东晋官府不得不设置侨州郡县，以安置北来之民。这些北来之民在江南各地用原籍地名登记临时户籍，因其用白纸书写，故称之为“白籍”。为了安抚北来之民，官府规定凡白籍侨民，皆可享受免调役的优待。不久，随着东晋官府赋税入不敷出，又不得不实行“土断”。土断指的是将侨州郡县之民正式编入当地户籍，并取消之前的免役优待。囿于历次土断的不彻底以及流民的持续南下，虽经土断，但白籍户依旧长期存在，直至南朝后期方才消失。

与此同时，北朝为了防止人口遁逸，以致户籍混乱，北魏孝文帝开始推行“三长制”，即五家立一邻长，五邻立一里长，五里立一党长。三长的职责是检查户口、监督耕作、征收租调、征发徭役和兵役。同时，三长享有一定的优待，可以免除一人至三人的官役。“三长制”的实施，加强了中央对地方的户籍控制，增加了政府的财政税收。

古人考试不容易

每到一年一度的高考季，全国的高三考生们都会认真复习考试科目，提前熟悉考试路线，检查了解考场环境……所有与高考相关的人员和事项都在紧锣密鼓地准备着，力保考试顺利进行，万无一失。古代无论是统治者还是读书人，对待考试也都十分谨慎和重视。我们来看一看古代考生是如何走过一座座“独木桥”的。

漫漫升级路

和我们现代人有小升初、初升高、高升本的多次考试一样，古代科举考试也有阶段性，并且难度很高，类似游戏世界里的“打怪升级”，只有胜出者才有机会进到下一关卡。

对于读书人来说，第一步就是要参加童试。参加童试的考生叫作童生，童生通过县试、府试和院试层层选拔，通过院试录取者即可进入所在地、府、州、县学为生员，俗称“秀才”。生员

> 古代统治者对参加童试的考生的资格审查非常严格：
>
> 参考的考生必须由本地已取得生员资格的廪生担保，考生身世是否清白、是否假冒等都属于担保范围。除此之外，还需要提交亲供单，考生姓名、三代信息、住址、邻居、老师、担保人等详细情况都须在亲供单上认真填写。同时规定5位参考的童生之间互结，如其中一人弄虚作假，其他人都视为同罪。完成上述手续，考生才能获得考试资格。

分为廪生、增生、附生三等，经科试合格，即取得参加各省学政每三年组织一次的乡试的资格，称“科举生员”。考中举人，身份地位大为提高，也获得了前往京城参加会试的资格。

乡试多在秋季举行，会试则选在春天举行，相应地乡试和会试也被称为“秋闱”和“春闱”。会试由礼部主要负责，考核难度大大增加，淘汰率非常高，能在考试中脱颖而出的士子们进阶为贡士。会试之后还要举行复试，通过复试的人取得进士资格。

但要真正获得进士名位，必须参加终极考试——殿试。从唐代武则天开始，殿试均由皇帝亲自主持，所谓天子门生，便由殿试产生。明代殿试的日期较为固定，为三月十五日。清代殿试的日期最初选在三四月之间，后来由钦天监根据皇帝指定的日期范围挑选吉日。例如，乾隆二十六年（1761），殿试的时间便定在四月二十一日。

经过殿试，才能确定三甲名次。三甲各三名，我们熟悉的状元、榜眼和探花就是头甲三名。宣布三甲名次，紫禁城太和殿要举行盛大的典礼，由皇帝亲自主持，并谕示天下，这一仪式被称为传胪。

太和殿

考场不一般

明代时，紫禁城内的殿试在太和殿举行。

清代初期，殿试考场设在天安门前，后来便改为在太和殿的东西阁阶下进行考试。若是碰上刮风阴雨天，考生们便到太和殿东西两庑参加考试。

雍正元年（1723）十月，考生来到紫禁城参加考试，适逢天气寒冷无比，皇帝特许考生到太和殿内两旁进行考试，并谕令宫内的总管太监在考场里多摆放火炉，保证殿内温暖。这就是在殿内考试的开端。

乾隆五十四年（1789），皇帝谕令考生以后就在保和殿内参加考试，同时允许考生自带考具，之后在保和殿内考试便成为定制。保和殿不仅是殿试的场所，也是元旦等节日皇帝宴请亲王、藩属的地方。

最大的科举考场——江南贡院

江南贡院始建于宋乾道四年（1168），经历代修缮扩建，明清时期达到鼎盛。清同治（1862～1874）年间，仅考试号舍就有20644间，可接纳2万多名考生同时考试，加上附属建筑数百间，占地超过30余万平方米。其规模之大、占地之广居中国各省贡院之冠，创中国古代科举考场之最。1905年，江南贡院结束历史使命。

考试很辛苦

大家是不是觉得在紫禁城的宫殿里参加考试是一件特别幸福的事情呢？我们来看一下当时的考试情形，你就得出答案了。

据史料记载，考试时，在保和殿内东西摆放十数排考桌，因为殿内阴暗，光线不够充足，所以坐在后排参加考试的考生有时根本看不清试卷上的字迹，只能主动搬到殿廊进行考试。

考桌也十分奇特，桌子就像炕几一样，考生们只能盘膝趺坐。南方籍的考生就十分不习惯这种桌子，于是有些人就选择自己携带特制的考桌入场考试。自带考桌考试也存在一个问题，那就是保和殿的殿基很高，有三层石阶，同时还需转行数十级才能到达丹墀。这让自带考桌的考生们叫苦不迭，还没等开始考试答题，就已经累得气喘吁吁了。再加上古时考试的时间很长，综合来看，完成殿试也不是一件轻松容易的事情。

考题难度大

殿试题目最初由内阁大学士提前数日拟定，为了便于皇帝选择，一般会准备多道题目。呈交皇帝后，由皇帝最终决定选取哪个题目。但这一方式存在弊端，经常出现在殿试之前考题便已泄露的问题。

后来便改为由读卷大臣在殿试前一天秘密拟定题目，呈交皇帝钦定后，立即刊刻印刷。刊印场所由护军看守，严防试题泄露。直至殿试当天凌晨，试卷才印刷完毕。“新鲜出炉”的试卷随后被拿到考场，分发给参加考试的各位考生。

试卷上的试题是一道策问，题目取自四书五经中的某句话。殿试考生要根据自己掌握的儒学经典，结合朝廷的实际情况和问题，采用八股文结构，用自己的观点来进行分析和论述。清代顺治皇帝时期，一篇八股文为 550 字；康熙皇帝时期，一篇八股文为 650 字；之后，又增至 700 字。殿试试题的字数和题目与现代考试的作文题十分类似；不同的是考试时间的长短，现代考试作文需要在较短时间内完成，殿试考试时间较长，规定在太阳落山前交卷即可。

交上来的试卷被迅速送往保和殿东侧的中左门，在那里有弥封官等待封装试卷。古时封装试卷也与现代考试封卷类似，要盖住考生的名字，之后将试卷装入固定的箱子里，护送至专门阅卷的场所——午门内朝房。在这里，等候多时的读卷大臣要花费两晚一天的时间来阅卷。读卷大臣由皇帝钦点，阅卷为全封闭式，阅卷人员不得出宫。

独占鳌头状元郎

阅卷大臣对殿试试卷进行等级评定，在诸多试卷中挑选出 10 份优秀试卷，并初步排列状元、榜眼和探花的名次。10 份依旧弥封的优秀试卷和读卷大臣排列出的名次交由皇帝亲自审阅，并由皇帝最终钦定状元、榜眼和探花。

一般情况下，皇帝都认可阅卷大臣拟定的名次。皇帝钦定名次后，试卷得以拆开弥封。极为特殊的情况下，皇帝在拆开弥封后，可能进行名次更改。据史料记载，状元的名字十分重要，明成祖就曾因名字好坏更改状元人选。之后，明清两代历任皇帝都对状元的名字十分重视，如果考生名字的读音、字形等犯忌讳，或者不够雅致，或者入不了皇帝的“慧眼”等，都有可能与状元失之交臂。

正因考试如此不易，皇帝特别赐予在殿试中脱颖而出的状元、榜眼和探花一项特殊的待遇，即在太和殿宣布名次之后，这三人可以扬眉吐气地沿着紫禁城中轴线，从午门中间的门洞中走出。前有礼官抬着榜亭，三人紧随其后，这是一种连亲王和宰相都无缘获得的殊荣。

令人咋舌的古代“升学宴”

对于当今的学生来说，高考无疑是人生中的一个重要关口。能够顺利通过高考，进入心仪的大学，可以说是迈出了坚实的一步，这自然值得亲朋好友汇聚一堂，分享喜悦。面对商机，各大酒楼饭店纷纷打出“升学宴”的旗号，引领了一波消费潮流，“升学宴”也成为社会热议的“后高考现象”。其实“升学宴”古已有之，而且名目之多、排场之大、气氛之热烈，远非今日“升学宴”可比。

名目繁多

科举制度自隋代创立以来，便成为后世王朝最主要的人才选拔制度。作为国家的“抡才大典”，科举考试不仅关系到国家的人才储备和考生个人的前途命运，甚至成为整个社会的一次盛典与狂欢。

所谓“朝为田舍郎，暮登天子堂”，进士向来被视为“公卿之选”，及第之后自然是官场得意，平步青云，因此，新科进士们总要大肆庆祝一番。唐代著名诗人张籍诗云：“无人不借花园宿，到处皆携酒器行”，反映的就是进士们登龙门之后一系列的游宴活动。

在这一场场的宴会之中，有几个比较固定的名目，如杏园宴、牡丹宴、相识宴、打毬宴、看佛牙宴、月灯宴、樱桃宴、闻喜宴、烧尾宴、曲江宴等，其中最令人瞩目的就是曲江宴。《唐摭言》记述说，在举行曲江宴时，“行市罗列，长安几于半空”，整个长安城都处于沸腾的状态。

时至宋代，进士的地位更高。诗人杨万里诗曰：“殿上传胪第一声，殿前拭目万人惊。名登龙虎黄金榜，人在烟霄白玉京。”名列金榜简直如位列仙班一样。在宴会组织上，也一改唐代进士自行组织的情况，改由皇家赐宴。为人熟知的琼林宴，因在宋代皇帝的私家园林——琼林苑中举行而得名。虽然宋代宴会名目相对唐代减少，但是宴会规格更高。

明清时期，科举制度趋于稳定与成熟，形成了乡试、会试与殿试三级考试模式。各省组织乡试之后，要为中举的举子举行鹿鸣宴，一是取“鹿”“禄”谐音，祝愿新晋举子来年殿试高中，将来高官厚禄；二是借群鹿分享食物的美德，委婉劝诫举子飞黄腾达之后能够不忘桑梓，造福乡里。殿试发榜之后，新科进士还能享受参加礼部举行的恩荣宴等高级待遇。

仪制繁宪

与如今的“升学宴”气氛略显随意不同，古代的“升学宴”虽然热闹，却有一套严格的礼仪规范。

在唐代，期集（特指唐宋时进士及第后按惯例聚集游宴）还只是进士同年之间的私人社交活动，但繁文缛节已是不少，进士们记得也不是十分清楚。所谓有需求就有市场，唐代的民间经济组织——进士团就应运而生。进士团专门负责组织进士的宴饮活动，引导进士们按照固定的礼仪规范拜见座主，交谊同年。如此一来，唐代进士期集期间，大大小小的宴会也承载着不同的礼仪功能。

如上文所言，时至宋代，“天子门生”的观念大盛，进士期集也不再是及第进士们私下的活动，而是成为国家的一项重要庆典。皇帝不仅要举行琼林宴，宴请新科进士，还要参与进士期集的管理，因而相对于唐代，宋代的进士宴会礼仪性更加突出。宋人吴泳说："宴序古来元有礼，鹿鸣废后更无诗。"据祝尚书教授研究，北宋时期，朝廷尚用唐制，各地在发解举子到省之前，州郡长官或转运司照例要为他们饯行。

"靖康之难"以后，随着学校的重建，鹿鸣宴日益受到统治者的重视。在宋高宗绍兴十三年（1143），礼部还下发了《乡饮酒矩范仪制》，在仪制上对全国各地举行的鹿鸣宴进行统一。李心传的《朝野杂记》记载了鹿鸣宴的仪制流程，其仪有"肃宾、祭酒、宾酬、主献……拜送、拜既凡十二节"，同时，"其酒食器用，乡大夫、士之有力者共为之"。由此可知，仅鹿鸣宴一场宴会就包含了12个流程，且因为规定行礼时的主人"州以郡守，县以县令"，都是以当地主政的父母官为主，所以这些流程更不能随意简化，必须照章执行。

无故缺席鹿鸣宴的人，还要受到严厉的惩罚，"行礼有期，而有疾故不能者，前期具状免，擅自不赴者，除其籍"。南宋著名文学家周必大曾因故不能参加鹿鸣宴，也要向当地父母官告假。这一言辞恳切的"请假条"保存在周必大的文集之中，我们得以一领古代文豪的风采，其文曰："伏蒙台慈，特枉华翰，俾预兴宾之礼，且观劝驾之光。属此抱疴，阴于缀席，其为愧感，罔极敷陈。"

当然，由于礼仪规制太过烦琐，鹿鸣宴已遭到时人批评。南宋大儒朱熹说："如乡饮酒礼，向来所行，真成强人，行之何益？所以难久。不若只就今时宴饮之礼中删改行之，情意却须浃洽。"朱熹认为鹿鸣宴繁文缛节过多，简直是强人所难，不如简化仪制。

我们可以想象，一个地方举办的鹿鸣宴就有这么多的规矩，更何况是由皇帝主导的全国性的琼林宴！南宋文天祥状元及第时，留下《御赐琼林宴恭和诗》，诗中写道："奉诏新弹入仕冠，重来轩陛望天颜。云呈五色符旗盖，露立千官杂佩环。燕席巧临牛女节，鸾章光映壁奎间。献诗陈雅愚臣事，况见赓歌气象还。"短短五十余字，琼林宴的恢宏场面跃然纸上。

地点选取

与今日“升学宴”多在饭店酒楼中举行不同，古人的宴会地点多选在花繁水秀的名苑之中。

唐代最为人重视的曲江宴，即因举办于长安城东南角的曲江池而得名。曲江池原名芙蓉池，烟水明媚，水道曲折，两岸花卉繁茂，是唐代著名的风景名胜。除此之外，唐代还有杏园宴。杏园宴的地点选在曲江池附近的杏园内。其他诸如牡丹宴、月灯宴等，从名称即可看出是以观赏牡丹、月灯为由头的宴会。

上文提到的宋代琼林宴，地址便选在宋代的皇家园林——琼林苑。孟元老《东京梦华录》对琼林苑有详细的描绘：“琼林苑，在顺天门大街面北，与金明池相对。大门牙道皆古松怪柏。两傍有石榴园、樱桃园之类，各有亭榭，多是酒家所占。苑之东南隅，政和间，创筑华觜冈，高数十丈，上有横观层楼，金碧相射，下有锦石缠道，宝砌池塘，柳锁虹桥，花萦凤舸，其花皆素馨，末莉、山丹、瑞香、含笑、射香等。闽、广二浙所进南花，有月池、梅亭、牡丹之类，诸亭不可悉数。”看此记载，无怪乎宋仁宗时进士宋庠留有“秘苑仪星地，群英得隽年。飞绥鲸浦右，供帐斗城偏。表道槐阴直，凌氛柞影圆。从楹开玉宇，华组会琼筵……”的感慨。

珍馐美食

古代官方的重要庆典，排场与讲究也非今日私人“升学宴”可比，宴会上的珍馐美食更是令人眼花缭乱。

诗人杜甫在《丽人行》中生动描绘了唐玄宗时曲江宴的盛况，诗云：“紫驼之峰出翠釜，水精之盘行素鳞。犀筋厌饫久未下，鸾刀缕切空纷纶。黄门飞鞚不动尘，御厨络绎送八珍。”从“翠釜精盘、犀筋鸾刀、御厨八珍”来看，曲江宴不仅食物珍美，连食具都十分考究，可以说是玉盘珍馐了。

宋代宴会的饮食与唐代相比更胜一筹。据《梦粱录》记载：“凡官府春宴，或乡会，遇鹿鸣宴，文武官试中设同年宴……官府各将人吏，差拨四司六局人员督责，各有所掌，无致苟简。”什么是“四司六局”呢？四司指帐设司、厨司、茶酒司、台盘司，六局指果子局、蜜煎局、菜蔬局、油烛局、香药局、排办局。其中与饮食相关的有厨司，顾名思义，其主要任务就是烹煮；茶酒司，掌茶酒事宜；果子局，掌管时鲜水果，有时果和看果之分，看果是指以木、土、蜡等制作的果品，仅供祭祀或观赏用。其他还有蜜煎局、菜蔬局，掌理糖蜜花果、咸酸劝酒以及菜蔬糟藏等事。可见，在宋代鹿鸣宴的餐桌上，不仅有时鲜，糟藏等也一应俱全。

我们再来看一下清代云南贡院留下的“账册”中记载的具体吃食：贵腿、南腿、燕窝、贡虾、蜇皮、海参、明骨、鳖鱼、鱼翅、鱼肚、小

云南贡院

洋翅、中和虾、银鱼、乌鱼、鱿鱼、翅帮、鲍鱼、甲鱼、活蟹、葛仙菜、糟鱼、虾酱、土蛈、海带、南笋、各式酒水、水果蜜饯……山珍野味、水陆时鲜，应有尽有。很难想象这是交通闭塞、偏处西南的云南所能齐备的。而一场宴会，除官方机构倾力支持外，地方商肆也被全部动员了起来，“账册”中所记的就有锡店行、土布行、宴席行、碳行、柴行、白米行、鸡鸭行、白面行、糟肉行、瓷碗行、牛腊行、草席行、铁货行、土碗行、萝白行、小菜行、白菜行、水果行、豆腐行、棚子行、瓦货行、灯笼行、月饼行等。可谓是衣食住行，无所不包。

古代的“升学宴”作为中国古代科举制度的伴生产物，随着科举制度的日益完善也愈发受到后世统治者的重视，从原来的进士间的私宴逐渐发展成为由皇帝或者地方主政长官出面主持举行的国宴、官宴。正因如此，古代“升学宴”从唐迄清也经历了如下变化，相对于唐代，一是宴会的名目由多变少；二是宴会的地点相对固定；三是宴会的规格越来越高；四是宴会的仪制愈加烦琐。这反映的正是中国古代皇帝对进士群体的控制日渐加强，是唐宋以后皇权专制日臻顶峰的一个重要标志。

古人一年休多少天假

今天，我们采用了西方的星期制度，周一至周五为工作日，周六、周日为休息日。除了元旦、春节、五一、十一会有休假以外，国家还将传统节日定为法定节假日。那么古人到底是如何区分工作日和休息日的？他们每年的假期有多少天呢？

汉朝时休假

秦朝以前，社会没有法定的节假日，也没有具体的休假制度，政府官员每天都要按时上班。如果遇到什么特殊情况，不得不离开工作岗位，需要提前请假，经上级批准后，方能离开。秦时的官员请假称“告归”，告归主要有两种情况：一是因疾病需要回家休养；二是身体老迈需告老还乡。

自汉代起，官员休假被写入法律，有了明确的规范。汉代时，官员上班是寄宿制，平时大伙儿在官署宿舍同吃同住同劳动，只有放假才能回家。古代的达官贵族很重视“沐头浴身”，湿的头发不能束冠，也就不能在朝堂“上班”了，所以汉代给了专门的假期来沐浴。汉代开创并确立了“五日一休沐”的制度。司马迁在《史记》中写道：“官员每五日洗沐归谒亲。”《汉律》规定吏员五日一休沐，让官员回家休息沐浴、和家人团聚。其实，这种制度设计也是有很深刻的含义的。因为古人极其重视孝道，尤其是汉代以孝治天下。其中的一种选官方式就是举孝廉，另外作为儒家十三经之一的《孝经》也是在这一时期出现的。之所以会每 5 天放 1 天假，不仅是为了让官员们休息，也是为了能让他们有时间照顾父母、陪伴家人。

汉朝官员还享有各种节令假，如冬至、夏至、春节等。除此之外，遇到特别的事情，官员可告假，告假又分为予告和赐告两种。予告可带职休假，但不得归家。赐告则是因为生病给予的假。汉制规定，凡请假3个月免官，经赐告者可延长假期而不免官。

唐朝时开始休“旬假”

到了唐朝，单位不再提供住宿，大部分官员都在家住，所以官员休假制度改为“旬休”，各级官员每10天可休假1天，每月休假3天，分为上旬、中旬、下旬。当时叫作上浣、中浣、下浣。浣，即洗沐之意，从此假日又有了“浣”的称谓。王勃在《滕王阁序》中写道：“十旬休假，胜友如云……”清晰地记录了大家趁着“旬休”举行的聚会。除了例行假期外，还有法定节假，如春节放假7天，中秋节放假3天，寒食清明放假4天。

此外，唐朝官员还享有探亲假，父母在3000里以外者，每3年有35天假（除旅程以外），父母在500里以外者，每5年有15天假；儿子的及冠礼有3天假；子女婚事放假9天；其他近亲行婚礼，则分别为5天、3天、1天的假期。另外，5月份有15天的田假，9月份有15天备制寒衣的授衣假，病假最长不能超百天。若遇父母等直系尊长亡故，则依丧服制度强迫“丁忧”，解官停职居丧，长者3年（实际是27个月），短者36天，如果是军职，则为100天。

唐代对官员告、销假制度颇为严格。唐德宗就曾明文规定，凡三品以上官吏，休假前要“告假”，假期满后要到衙门销假，否则，就要扣发一个月的俸禄，甚至罢官免职。到了唐朝末期，还建立了退休制度，凡官吏年逾七旬者，可以退休，称为“致仕”，享受半俸。可见，唐代的休假制度比较宽松，婚假、丧假、探亲假等已十分完备，在一定程度上体现了对伦理道德的遵行和对人性的尊重。

宋代是中国历史上节假日最多的朝代

宋代总体上沿袭了唐代的旬休制度。宋代时，除了旬休制度外，在一些法定节日也休假，如根据宋人笔记《文昌杂录》记载，元日、寒食、冬至各放假 7 天；天庆节（正月初三）、上元节、天圣节（太后生日）、夏至、立春、人日、中秋节、清明、七夕、末伏等这样一些节日也可放假。这样，统计起来，共有 70 多天法定休假日，再加上规定的 36 天的旬休，总共有 100 多天休息日。这样算下来，宋代是中国历史上传统节假日最多的朝代。

元代起休假时间骤减

元代建立后，或许是因为曾经严酷的生活环境，统治者认为给朝廷工作就是一种放松，不属于劳动的范畴。再加上之前宋代政府冗员太多，造成吏政涣散，元代皇帝怕重蹈覆辙，于是休假几乎没有了，全年也只休息 16 天而已。

明代初期，比元代也好不了多少。据说，明朝的开国皇帝朱元璋是个“工作狂”，所以明代官员每年只有 18 天假期，分别是元旦 5 天、冬至 3 天和元宵节 10 天。然而，并不是所有的皇帝都像朱元璋那般“沉迷工作”。朱元璋死后，明代的皇帝顺应官员的申请，“被迫”答应增加假期——增加 3 天月假，加上原来的 18 天，每年休假有 50 多天。

清朝的休假制度基本沿袭了明朝，但对有功之人，政府则赐予“赏假”。清初，随着西方传教士进入中国，“礼拜天”这一宗教用语开始在社会上流行。辛亥革命后，受西方假日制度影响，中国休假制度发生了很大的变化，由原来的每月 3 天旬休，变为了星期日休假制，并一直沿袭至今。

古人上班比我们更辛苦吗

很多人认为，现代人生活压力太大，每天朝九晚五，忙忙碌碌；而古人则过着田园般的生活，日出而作，日落而息，没事品品茶，读读诗。其实，古人上班并没有我们想象得那么轻松，甚至比我们更辛苦。

古人上班要起大早

古代上班时间其实是很早的。《诗经·齐风·鸡鸣》这么说，“鸡既鸣矣，朝既盈矣……东方明矣，朝既昌矣”，意思是“公鸡已经开始打鸣了，太阳也升起来了，上朝的官员已经到了”。

《诗经》的这段对话描述的就是古人上班的情形。可见从春秋时代开始，古人就要在鸡鸣的时候去上班。公鸡打鸣的时间一般为早上5点，所以古人5点起床，即5点到7点间到单位签到，按照地支的顺序这个时间段正好是卯时。官员们上朝之前的第一件事就是清点人数，所以古代上班打卡就叫“点卯”。

唐代以后，有了“官街鼓”，凌晨五更二点敲起，以启坊门。《明皇杂录》中的“五鼓初起，列火满门，将欲趋朝，轩盖如市”是晓色朦胧中百官上朝的真实写照。百官到达皇宫后参加由皇帝主持的朝会。朝会

上班一词的由来

“上班”这个词并不是西方舶来品，而是源于中国古代。在宋代，上班全称为“上朝班”。臣子到朝廷觐见君王，奏事议政，为“上朝”；而其他官吏没有资格上朝，就叫“上班”。“上班”一开始是指公务人员出勤退勤，后来才广泛用于国家机关及公司职员之出退勤。

有大朝会、小朝会两种，小朝会是常会，每天例行的早班会，时间不是很长，多在辰时（即上午7点至9点）结束。对于地方官来说，上下班时间与京官并没有什么区别，也要卯时到岗。按照清朝的律法，皇帝五更天上朝，大概就是凌晨5点左右。而大臣们离皇宫一般都不算近，加上那时候没有汽车这些方便的交通工具，所以，一般凌晨三四点就得前往皇宫外等候。当然了，古人不是朝九晚五，上班早，下班也早，比如清朝就规定，夏天时下午4点下班，冬天时下午3点下班。

除此之外，上朝期间是不能上厕所的。《清史稿》里就讲过，大臣们为了防止上朝时想上厕所，通常排尽屎尿，空腹上朝，常含人参以保持体力。毕竟大臣们都是读书人，要是因自己尿急打断了皇帝的思路，那可是大罪。

古人上班迟到怎么办

迟到这件事，搁古代非同小可。参加朝会，是古代京城官员每天按时上班的第一要务，凡无故缺席、迟到早退或朝班失仪，都属于违纪，历代均有处分条例。《唐律疏议》有一条法令是这么规定的：官员应上班而不到的，缺勤一天处笞二十小板，每再满三天加一等，满二十五天处杖打一百大板，满三十五天判处徒刑一年。不仅如此，古代迟到也像现在一样按次数罚钱。唐玄宗时，“文武官朝参，无故不到者，夺一季禄”。到肃宗时，“朝参官无故不到，夺一月俸”。再到文宗时，“文武常参官，朝参不到，据料钱多少每贯罚二十五文”。白居易29岁就开始了“西漂”，在长安城当公务员，一开始买不起房子，就在长安的渭南租了一套房，因为上班的地方太远，每天上班都很辛苦。白居易专门写了一首诗，名字就叫《晚归早出》：“筋力年年减，风光日日新。退衙归逼夜，拜表出侵晨。何处台无月，谁家池不春？莫言无胜地，自是少闲人。坐厌推囚案，行嫌引马尘。几时辞府印，却作自由身？”堂堂大诗人白居易为什么还要不辞辛苦地上班？一个重要的原因是上班迟到遭受的惩罚非常严重。

不光是唐朝，历朝历代对迟到、早退以及缺勤等懒散行为都有严苛的惩罚措施，轻则扣工资，重则坐牢。明朝是一个以“严刑峻法”著称的朝代，执法力度远超前朝。明朝时处罚也很严苛，官员缺勤一天处笞二十小板，每满三天罪加一等，如达到二十天要被杖打一百大板。不得不说这效果立竿见影，甚至有的大臣为了不迟到，匆忙赶路，结果不小心落入河中淹死。那是在魏忠贤当权时，他规定，紫禁城不准点路灯，还禁止官员骑马坐轿。冬天天亮得晚，百官上朝的时间都很早，结果在上朝的时候都是黑灯瞎火摸索走路，于是“追尾”之事经常发生。一天，一位住得离皇宫较远的官员可能起晚了一点，因怕“朝会”迟到，一路小跑，加之当天早上下大雨、路又滑，慌乱中没辨清方向，竟失足落入河中，结果命丧黄泉。古代的考勤制度俨然已成了司法条款，迟到、旷工不是“违纪”，而是“违法”了。

中国古代的间谍工具

大家都知道，中国古代有“四大发明”，实际上，古代中国人发明的东西远不止“四大发明”，比如古代中国人在间谍工具上的发明创造。

最原始的“窃听器”——听瓮

窃听是间谍搜集情报最古老的手段，也是现代特工必学教程。中国人很早就意识到了这一点，并且发明了人类最早的“窃听器”——听瓮。

听瓮，其实就是一种口小腹大的罐子。使用时将听瓮正放埋在地下，瓮口与地面相平，在瓮口蒙上一层薄薄的皮革，有侦测需要时，侧耳伏在上面，“听”出周边的动静。需要的情况下，则直接让专业情报人员坐于瓮中，听辨声响，这叫“罂听”。为了减少情报失误，常会培训盲人来执行“听”任务。盲人视力不行，但听力往往超强。

听瓮

听瓮对付隧道攻城战，最为神奇。如清末曾国荃率领的湘军进攻太平天国都城天京（今南京）时，城内太平军便在城墙脚下埋设听瓮，侦探城外敌军的动静，导致湘军一时无法得逞。不过最后天京还是让善于挖地道的湘军攻破了。

听瓮的发明距今约有 2500 年的历史，《墨子·备穴》中对听瓮的制造和使用方法有详细的说明。在后来的使用过程中，听瓮得到了不断地改进，成为现代窃听器出现前最有效的窃听工具。如在唐代，出现了葫芦状枕头形窃听器，休息时将窃听器枕在头下，外面一有动静便能察觉。

到宋代时已出现相当实用、多功能的窃听器——“矢服”。沈括《梦溪笔谈·器用》中记载了这种窃听器。矢服，就是盛装箭（矢）的器具，矢服用牛皮制作。当时侦察兵都会配备这种工具，需要窃听时，拿出箭矢，吹足气，夜里枕在头下，几里以内人马声都能听到。矢服是利用空腔接纳声音的原理而发明的。另外，民间常用的窃听器还有“听管”，“隔墙有耳”就是这么来的。

更高级的窃听器：矢服

最难破解的“密电码”——反切码

现代间谍已离不开密码，这是保证情报安全的需要。中国人也是世界上最早使用密码的，而且手法五花八门。

“阴符”可以看作是最早的军事密码，它比较简单，使用时双方各执一半，以验真假。阴符依长短不同，代表相应的情报。因为上面没有文字，即使敌人缴获了，也不会知道是什么意思。

与阴符配合使用的还有“阴书”。所谓阴书，就是将一份完整的情报写3份，分别送出。在阴符、阴书的基础上，后来又发明了代号、暗号、字验等间谍手段。特别是字验的发明，已与现代密电码原理十分接近，不同的是，它以字代替阿拉伯数字。据《武经总要·前集》（卷十五）记载，宋朝时官方便将常用的40个军事短语，分别用40个字来代替，然后编出一首40个字的诗，作为破译的“密码本”。

到16世纪中叶，中国出现了真正的密码——反切码。其原理与现代密电码的设计原理完全一样，但是比现代密码更难破译，它使用汉字注音方法中的“反切法”进行编码。

反切注音方法出现于东汉末年，是用两个字为另一个字注音，取上字的声母和下字的韵母，“切”出另外一个字的读音。“反切码”就是在这种反切拼音基础上发明的，发明人是著名的抗倭将领、军事家戚继光。

戚继光专门编了两首诗歌作为“密码本”。一首是“柳边求气低，波他争日时。莺蒙语出喜，打掌与君知”；另一首是“春花香，秋山开，嘉宾欢歌须金杯，孤灯光辉烧银缸。之东郊，过西桥，鸡声催初天，奇梅歪遮沟”。这两首诗歌是反切码全部秘密所在。取前一首中的前15个字的声母，依次分别编号1～15；取后一首36个字的韵母，顺序编号1～36。再将当时字音的8种声调，也按顺序编上号码1～8，形成完整的反切码体系。使用方法大概是这样：如送回的情报上的密码有一串是5-25-2，对照声母编号5是“低”字，韵母编号25是“西”字，两字的声母和韵母合到一

戚继光

起是 di，对照声调是 2，就可以切出“敌”字。戚继光还专门编写了一本《八音字义便览》，作为训练情报人员、通信兵的专门教材。

被广泛使用的“密写术”——明矾水

中国古人的情报研究工作，其实一直走在世界的前列，这可能与古代中国多战事、时分时合有很大的关系。不论是阴符、阴书，还是字验、反切码，都是眼睛能看到的，为避免这种情况，在很早的时候，中国人又发明了“密写术”。

密写术是借用于一种特殊墨水，达到看不出所写字迹的目的。这种特殊墨水并非什么高科技，虽然一般人都不知道，但来源却非常方便，其实就是人们生活中常见的明矾水。明矾水写出的字，干后在纸上根本看不出来，但如果浸入水中，字迹顿现。至于其显字原理，现在初中化学课本上都有介绍，这里就不赘述了。明矾水这一特性的发现，虽然现在算不上高科技，但在古代还是相当了不起的。

中国史书上有不少密写案例的记载。据《金史·宣宗本纪》记载，金宣宗贞祐四年（1216），蒙古人围攻太原城，当时太原最高军事长官（宣抚使）乌古论礼，“遣人间道赍矾书至京师告急”。这句话的意思是，乌古论礼派间谍带着用明矾水写的密信，到京师告急，请求援兵。

清康熙年间的“矾书案”，则是废太子胤礽利用密写术这种间谍手段引出的。康熙五十四年（1715）春，康熙亲征准噶尔，得到消息的胤礽决定利用这次机会解禁。他用重金买通了常为自己福晋看病的医生贺孟頫，请贺带一封用明矾水书写的密信，潜到宫外。不成想这件事让辅国公阿布兰侦知，“矾书”被截获，恢复皇太子地位的计划失败。

密写技术在现代的间谍活动中仍被广泛使用，但“墨水”的成分更为特殊，也不是水便能显现的，要用一种特别配制的药水（显影剂）才能读出。另外，除了明矾水，中国古人还用食用的米汤来写密件。

构造最简单的“无人机”——纸鸢

间谍能获取情报是本事，如何将情报传递出去也是功夫。邮驿、烽火台都可以传递情报，但这并不能满足所有间谍活动，特别是由交通员递送风险很大。为此，中国人想了很多法子，如利用鸽子来当交通员，此即明人何守法《投笔肤谈》书中所记的“封鸽代谍”。但鸽子要驯养，一般特工也用不了。中国古人就是聪明，发明了不需驯养的“鸽子”——纸鸢，作为间谍情报传递工具。纸鸢是什么？这就是现在大家都会玩且爱玩的风筝，“纸鸱”“鹞子”“木鸢”“飞鸢”，都是纸鸢的另外叫法。

烽火台

纸鸢发明于汉初，距今已有2000多年历史了，发明人是西汉开国功臣之一、淮阴侯韩信。韩信是军事家，他是怎么想到发明纸鸢的呢？原来当时列侯陈豨造反，韩信与陈豨勾结，制作了纸鸢作为里应外合的信号，这也是最早用纸鸢来传递情报的实例。

纸鸢

纸鸢一般人都能制作，也方便控制，所以一经发明，便在军事、间谍活动中得到了广泛的运用。在南北朝时期的“侯景之乱”中，当时被叛军侯景围困在都城建邺（今南京）台城内的梁太子萧纲，便是用纸鸢传递情报、搬来救兵的。

纸鸢也相当实用，可以飞得很高，即便被敌方发现，也奈何不了，那时没有高射炮、导弹，弓箭根本无法击落。唐朝时魏博节度使田悦起兵谋反，围攻临洺城，守将张伾遂放纸鸢与朝廷援军取得联系。田悦当时也发现了飘过营房上空的纸鸢，知道是城内传递军情，赶紧找来“善射者”，但根本无法射落飞得“高百余丈”的纸鸢。